概念主题式综合实践活动课程丛书

丛书主编　谷力

玩转汉字

主　编　林　虹　郭晓露

U0112391

南京大学出版社

概念主题式综合实践活动课程丛书

丛书主编　谷　力

《玩转汉字》编委会

主　　编　林　虹　郭晓露

编　　委　谷　力　林　虹　郭晓露　程婧婧　肖　娴

　　　　　赵会平　张　月

编写成员　周菊芳　赵　丹　程婧婧　甘　蕾　洪晓苗

　　　　　宋美仪　姚　梅　肖冬梅　朱舟舟　吕　芳

　　　　　何菲菲　吴　卓　肖　娴　韩冰冰　何　云

　　　　　李雪琴　林　虹　赵会平　汪　谦　钱　烨

　　　　　余鸿瑞　林　涛　程畛畛　徐晓蓓　徐文姝

　　　　　许方玉　谷　力　高　琦　郭晓露　刁京京

　　　　　陈　静　翟　莉　石光翠

前 言

汉字，是记录汉语的文字。它是中华民族智慧的结晶，是中华文明的载体和基础。独特的方块汉字具有独特的魅力、鲜活的生命，蕴藏着丰富的审美和诗意，有着深厚的文化意蕴和魅力，是世界文明宝库中独一无二的艺术瑰宝。随着中国的对外开放，汉字不再仅仅是汉字文化圈使用的文字，汉字也具有了世界性的意义。

我们一直希望每一个孩子在"读好书，写好字"的过程中努力学习、探究、传承中华传统文化，形成中华传统智慧和美德，把自己"书"写成认认真真、堂堂正正、勇于创新的中国人。然而很多人觉得汉字难学，如何让"写字"不再枯燥单调、对儿童富有吸引力？如何让儿童通过汉字学习对祖国的传统文化充满浓厚的兴趣与真挚的感情，且有深入而系统的了解？这是长期以来困扰教育工作者的一个问题。

南京市小学教师培训中心谷力主任提出的"概念主题式综合实践活动课程研发理念"及《玩转汉字》课程研发小组的老师们通过他们四年多的研究，给我们带来了全新汉字教学和汉字文化教学的新天地。

在博大精深的汉字文化中，他们选择了与学生的生活密切相关，又充满趣味的36个与"汉字"这一概念相关联的内容，梳理成为九大板块，初步建构了课程的模型。在谷主任多次头脑风暴式的理论培训下，教师们更新了课程与教学的理念。

每一位教师都参与了这样的课程建设活动。教师们将枯燥的汉字学习转化为一个个令人兴奋、生动、快乐的主题活动事件。为了了解汉字的变化，老师请孙悟空来帮忙，让汉字变变变；为了让学生认识各种流派的书法家，老师就召开一场书法作品拍卖会；为了认识当代网络文化中的汉字，老师组织了一个"囧"字的生日派对；为了了解汉字与其他文字的异同，老师就带着大家捡起一只漂流瓶，跟着汉字漂洋过海去冒险……教师们用汉字画画，用汉字接"威客"任务，参观淘宝店铺"宝砚斋"……甚至于，老师们还和孩子一起穿越到了秦始皇的宫殿，为他设计传国玉玺！

一节节情境生动有趣、形式丰富多彩的"玩转汉字"概念主题探究课引得孩子们全情投入。课堂上，极尽逼真的情境渲染，配合着动态的画面、优美的音乐，在游戏中，在猜想和实验中，学生们用耳朵听、用眼睛看、用手触摸、用心感受……调动一切感官，立体的、全方位的体验着学习的过程，遨游在汉字文化的海洋里……"在这样的课堂上，孩子们时而开怀大笑，时而屏息欣赏，时而率性而坐，时而奇思妙想……课堂，更像是游戏的场所；教学，更像是一次冒险……在"玩转汉字"的概念主题探究课程中，每一个孩子的智慧被激活了！

《玩转汉字》学生用书，是引导学生在课堂和课外学习汉字文化的好帮手。学生们可以通过独立学习、同伴互助，合作探究，去学习结绳记事、穿贝壳，学仓颉造字；用漂流瓶了解文字传奇，去文字海洋探险；去山洞里面探奥秘，"画"出汉字；拍卖会上鉴宝忙，学会欣赏古代著名字画；点起酒精灯，一起来造纸；学孙悟空七十二变，揭开象形文字的奥秘……《玩转汉字》的阅读学习，不仅增强了孩子们对汉字文化的深入了解，而且也进一步培养出孩子

们爱汉字、爱汉语文化、爱民族、爱国家的深厚情感。

愿《玩转汉字》的出版，能让更多师生的汉字教学得到指导和帮助，愿更多的孩子能够从中受益多多。

（徐宁 中共南京市委宣传部部长）

目录

寻找字的故乡

编者：周菊芳

 猜一猜

小朋友，请你在地图上找一找文字的发源地在哪。

我们的考古发现：

西亚的巴比伦、亚述、赫梯、叙利亚等国都曾对楔形文字略加改造，来作为自己国家的文字。甚至腓尼基人创制出的字母也含有楔形文字的因素。楔形文字是世界上最早的文字。

 找一找

我们来到了什么地方？小朋友们看到了什么？

幼发拉底河

美索不达米亚

这是字的发源地。幼发拉底河和底格里斯河都发源于亚洲西部的亚美尼亚高原（古代西亚）。

亚美尼亚高原

追根寻源 寻找字的发源地

同学们，你们认识他们吗？
他们发明了什么？

最早的居民——苏美尔人

这些是什么东西呢？

小贴士

最早的字 楔形文字

这些字是世界上最早的文字——楔形文字。早在公元前4500—公元前2150年，苏美尔人便发明了这种文字。苏美尔文由图画文字最终演变成楔形文字，经历了大约2 500年左右的时间。苏美尔人的文字最早是写在泥板上的。因为在泥板上印刻，所以这种文字只适合较短的、直线的笔画。

苏美尔人用削成三角形尖头的芦苇秆或骨棒、木棒当笔，在用潮湿的黏土制作的泥板上写字，字形自然形成楔形，所以这种文字被称为楔形文字。

为了长久地保存泥板，需要把它晾干后再进行烧制。这种烧制的泥板文书不怕被虫蛀，也不会腐烂，经得起火烧。

但是泥板很笨重，每块重约一千克，每看一块都要费力地搬来搬去。到现在，发掘出来的泥版，共有近一百万块，最大的有2.7米长，1.95米宽，可谓是巨书！

我探究

汉字又是如何产生的呢？

现在就让我们来探究汉字的发展过程吧！

想一想：在汉字还没产生之前的远古时期，人们要把事情记录下来都采用了哪些方法呢？

试一试：尝试着用这些古老的方法记事。

议一议：尝试过这几种记事方法后，你知道汉字是怎么产生出来的吗？

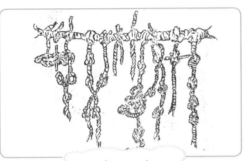

结绳记事

画图记事

刻木记事

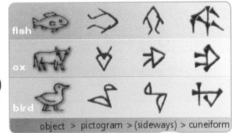

楔形文字演变

山字的对比

小贴士

从结绳记事到画图记事，虽然有进步，但仍然不能适应人类生活的需求。中国古人尝试着用更简捷、更明白的符号来表情达意，就产生了汉字。

字的名片

你还想再去了解字吗？

让我们一起来设计一张字的小

名片，给大家分享呢！

字的名片

最早的字：

字的创始人：

所处的时代：

创制的方法：

使用的原料及用途：

思维导图

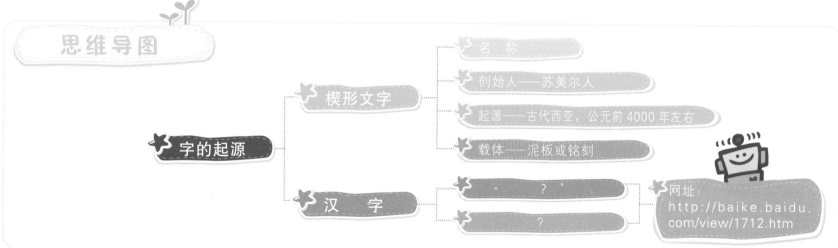

名　称

创始人——苏美尔人

起源——古代西亚，公元前 4000 年左右

楔形文字

载体——泥板或铭刻

字的起源

？

汉　字

？

网址：
http://baike.baidu.
com/view/1712.htm

仓颉，伟大的仓颉

编者：赵 丹

 同学们，你们知道中国古人是用什么方法记事的吗？

 **小·贴士**

古人用结绳记事，即大事打一大结，小事打一小结，相连的事打一连环结。

 那么汉字又是怎么产生的呢？是谁发明的呢？

 **小·贴士**

cāng jié
仓 颉

史皇氏，陕西省渭南市白水县人。《说文解字》记载：仓颉是黄帝时期造字的史官，被尊为"造字圣人"。

龟纹给仓颉的启示

有一年，仓颉到南方巡狩，登上一座阳虚之山（现在陕西省雒南县），临于玄扈洛汭之水，忽然看见一只大龟，龟背上面有许多青色花纹。仓颉看了觉得稀奇，就取来细细研究。他看来看去，发现龟背上的花纹竟是有意义可通的。他想花纹既能表示意义，如果定下一个规则，岂不是人人都可用来传达心意，记载事情么？

仓颉造字的原理

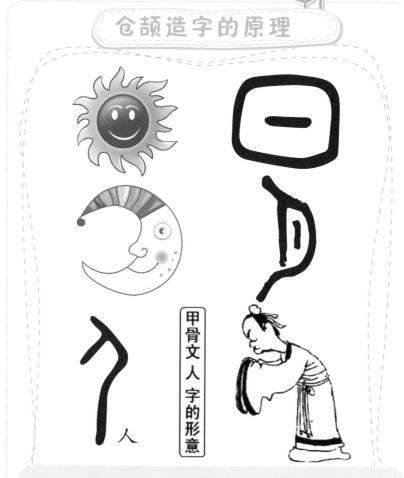

甲骨文人字的形意

人

仓颉的字都是依照万物的形状造出来的。譬如：日字是照着太阳红圆红圆的模样勾的；月字是仿着月牙儿的形状描的；人字是端详着人的侧影画的。

仓颉日思夜想，到处观察，看尽了星宿的分布情况、山川脉络的样子、鸟兽虫鱼的痕迹、草木器具的形状，描摹绘写，造出种种不同的符号，并且定下了每个符号所代表的意义。他按自己的心意用符号拼凑成几段，拿给人看，经他解说，倒也看得明白。仓颉把这种符号叫做"字"。

相传仓颉造字成功，民智日开。可那一天却发生了怪事，大白日竟然下粟如雨，这个传说说明了什么呢？

造字的历史过程

汉字的诞生非一人一手之功，是先民长期累积发展的结果。近代考古发现了3 600多年前商朝的甲骨文、约4 000至7 000年前的陶文、约7 000至10 000年前具有文字性质的龟骨契刻符号。流传下来的"仓颉造字"的传说，说明仓颉应当是整理汉字的集大成者。

我总结

汉字的起源

仓颉造字前，人们记录事情使用的方法

- ?
- ?
- ?
  - ?
  - ?
  - ?
  - ?

每个事物都有相应的符号，你能举例说一说吗

我还想了解

- 仓颉究竟造了哪些字 —— http://www.360doc.com/content/13/0802/05/6956316_304167498.shtml
- 仓颉造的错字 —— http://blog.sina.cn/dpol/blog_537affa40100dwt1.html

我尝试

我也来学造字

"造字"说明记录表

造的字	
外形特点	
设计想法	

设计者：　　　年龄：　　　　　年　　月

"兔"字认祖归宗

编者：程婧婧

想一想

兔

兔子是如何变成

写一写

"兔"的汉字演变过程

第一变

变成

甲骨文

第二变

请模仿一下"兔"的甲骨文

变成

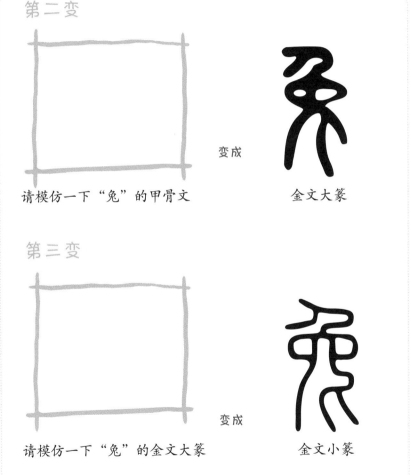

金文大篆

第三变

请模仿一下"兔"的金文大篆

变成

金文小篆

玩转汉字

第四变

变成

请模仿一下"兔"的金文小篆

繁体隶书

兔

第五变

变成

请模仿一下"兔"的繁体隶书

正楷

兔

我发现

我发现"兔"字变化的轨迹啦！

甲骨文 ➡ 金文大篆 ➡ 金文小篆 ➡ 繁体隶书 ➡ 正楷

为什么汉字有这样的变化呢？

 我思考

书写载体的变化对汉字的演变有影响吗？

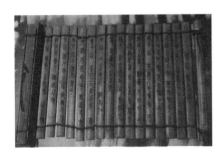

 想一想　与汉字的统一化有没有关系呢？

汉字的自然演变使得汉字的字形、字音、字义多样化，异体字越来越多，导致了汉字不统一、不规范。因此，经过一段时间的自然演变后，需要进行汉字改革使汉字更加规范化、统一化。

 小贴士

秦始皇统一汉字

公元前 230 年至公元前 221 年，秦国灭掉了齐、楚、燕、韩、赵、魏六国。秦始皇建立了中国历史上第一个大一统的国家——秦朝后，下令统一六国文字。

燕　齐　赵　魏　韩　楚　秦　秦统一后的文字

我总结

1、"兔"字的书写变化有

2、汉字笔画的变化规律是

　　笔画数由＿＿＿＿＿＿＿变＿＿＿＿＿＿＿，
　　线条由＿＿＿＿＿＿变＿＿＿＿＿＿。

3、汉字书写载体材质的变化有

我尝试

你能给它们找到自己的位置吗？
试着写一写。

殷商古文　➡　小篆　➡　隶书　➡　楷书

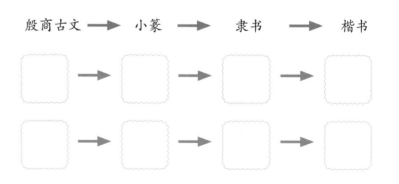

象形字变，变，变

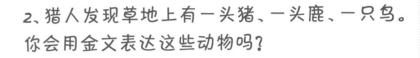编者：甘 蕾

我思考我尝试

1、猎人发现草地上有一头猪、一头鹿、一只鸟。你会用甲骨文表达这些动物吗？

2、猎人发现草地上有一头猪、一头鹿、一只鸟。你会用金文表达这些动物吗？

小贴士

甲骨文：猪、鹿、鸟

金文：猪、鹿、鸟

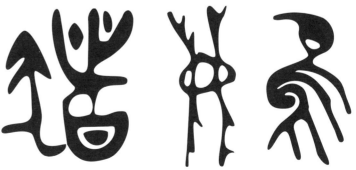

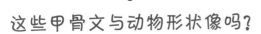这些甲骨文与动物形状像吗？

这些金文与动物形状像吗？

我思考
我尝试

3、猎人发现草地上有一头猪、一头鹿、一只鸟。你会用小篆表达这些动物吗？

4、猎人发现草地上有一头猪、一头鹿、一只鸟。你会用隶书表达这些动物吗？

小贴士

小篆：猪、鹿、鸟

隶书：猪、鹿、鸟

猪鹿鸟

这些小篆与动物形状像吗？

这些隶书与动物形状像吗？

我思考
我尝试　　表达更复杂意思的汉字又是怎样出现的呢?

1、两只手,手拉手,友好互助。你会用象形文字表达吗?

2、张网捕鸟,罗网难逃。你会用象形字表达这个意思吗?

 小贴士

象形字:手、又、友

象形字:网、鸟、罗

这个意思是如何形象表达出来的?

这个意思是如何形象表达出来的?

3、田里的农作物长出嫩芽来了。你会用象形文字表达吗？

象形字：嫩、田、苗

 想一想

这个意思是如何形象表达出来的？

 我研究

总结一下，这些文字是如何变化而来的？

 我总结

读图，说说这些文字的构字方法

 明

明，会意字。日、月是人们所见天字中最明亮的物体，所以日、月合为"明"。成语：光明磊落、光明正大、明察暗访、明辨是非等。明作偏旁的字：盟、萌。

休

休，会意字。本义是人在木下歇息，引申为休养、停止。成语：休养生息。形近字：沐、体等。

伐

伐，会意字。人持戈，所以伐的本义是武力攻打。形近字：找、划、戏等。

动物园里的象形字

编者：程婧婧

这些汉字都是根据动物的哪些特征造出来的？描一描，画一画。

我观察

这些汉字又是根据动物的哪些特征造出来的呢？

 我探索

考考你：连一连

鹿 豕 虎 象 犬

拍手唱儿歌

象形字，真奇妙，

模仿形状把字造！

外形轮廓描一描，

掌握规律我会认，

象形文字真奇妙！

用象形字给你喜欢的动物做一个LOGO

小贴士

植物王国找汉字

编者：洪晓苗

猜猜看

这个是什么字？

甲骨文

我欣赏

金文

金文

金文

金文

金文

我会说

看图，造"朵"字

象形度： ★ ★ ★ ★ ★

同桌给我的评价： ★ ★ ★ ★ ★

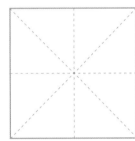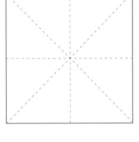

小贴士

你想知道这些图的象形字吗？
请把书倒过来看哦！

比一比

古人造的字	我创造的字

大千世界中的象形字

编者：宋美仪

你能读懂下面用金文大篆写的小故事吗？

 小贴士

看一看你理解的对吗？

　　一个风雨交加的夜晚，一只可怜的小兔子迷失在青葱的麦田禾苗中。它害怕地哭起来，碰巧一头梅花鹿经过，带着小兔子走上回家的道路。

 与天气相关的象形文字

甲骨文

 我欣赏

与人体相关的象形文字

金文大篆

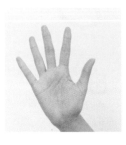

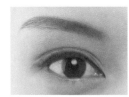

 我欣赏

与土地相关的象形文字

甲骨文

玩转汉字

与水相关的象形文字

金文大篆

与用具相关的象形文字

金文大篆

125马车 小螺箱 马鞍

我欣赏　与兵器相关的象形文字

甲骨文

我尝试　请用象形文字来编个故事

找一找

我们生活中还有哪些象形文字是与自然现象有关的？

宝砚斋游记

编者：姚 梅

在我国历史文化长河中，笔、墨、纸、砚被誉为"文房四宝"。它们不仅仅是用于书法、绘画的文化艺术工具，而且作为中国文化特有的艺术品备受文人的喜爱和珍藏。

笔为文房四宝之首，传统的毛笔是古人必备的文房用具。

墨是指中国古代书写和绘画用到的墨锭。墨的主要原料是炭黑、松烟、胶等，是碳元素以非晶质型态的存在。

纸是我国古代科技四大发明之一，大大促进了文化的传播和发展。

砚是中国历代文人的珍爱，具有审美价值。刻砚、赏砚、藏砚是一种时尚的风气。

嗨！亲爱的同学们，你们好，欢迎到我的铺子里来做客，我可是宝砚斋的当家掌柜，呵呵，体态有点胖，大家都叫我胖掌柜。

你知道下面各是哪种砚台？各有什么特点呢？

砚台一

砚台二

砚台三

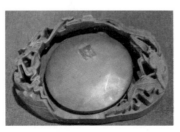

砚台四

小贴士

砚台一：端砚

产地：端州（今广东肇庆）

颜色：紫、青和白

优点：下墨、发墨、不损毫

砚台二：歙砚

产地：歙州婺源（今江西婺源）

颜色：青黑、红、青、黄和绿

优点：易发墨、最宜笔锋

砚台三：澄泥砚

产地：虢州（今河南灵宝县南）

颜色：鳝鱼黄、蟹壳青和玫瑰紫

优点：坚而不脆，光而不滑；磨墨既快且细，水墨交融均匀；起笔可以自如，浓淡易于调和

砚台四：洮砚

产地：洮州（今甘肃临潭县）

颜色：呈绿蓝色，近似绿松石的颜色

优点：质地细腻但不坚，制砚极佳

玩砚攻略

玩砚历来有三诀：观色、听声、辨质。

1、观色就是看砚台的材质、工艺、品相、铭文等，一般来说，石质越黑、分量越重的，越好。如果还有活眼、泪眼、金星、金晕等点缀，那就更难得了。

2、辨质就是用手抚摩砚台，感觉是否滑润细腻。

3、听声也很有门道，托住砚台，用手指轻击之，侧耳听声，端砚以木声为佳，瓦声次之，金声为下。歙砚则以声音清脆为好。

同学们，你们知道如何选墨吗？

质细：选墨首重质地细腻，煤灰粗细得中、无白灰夹杂其间，胶亦需均匀，两者完全融合，故质地精纯，上砚自然无声。

胶轻：含胶不宜过重，过重则黏性大而滞笔，过轻又无光彩。但选择之法，须待书写后才能知道。

质坚：指墨之质地坚硬，浸水不易化，李延珪墨的"能削木"就是如此。

墨色黑而亮：墨的黑是因为煤，煤过多就会黑而无光；亮则因为胶，胶过多则光而不黑，两者各半，则乌黑有光泽。

墨味香而轻：墨以有恶臭的煤、易腐的动物胶为主要原料，所以需要加点香料，如龙麝等，含量也需适中。

同学们，选纸也是有门道的哦！

我欣赏

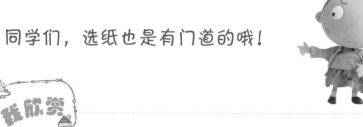

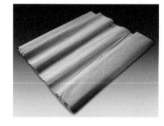
毛边纸

桑皮纸

元书纸

棉纸

宣纸

小·贴士

同学们，我来给你们
一些选纸的建议！

1、纸的最基本作用是反映墨；

2、对初学者而言，元书纸、毛边纸足够了；

3、产地也很重要；

4、价格适中；

5、网上买纸是不错的选择；

6、多买几种，尝试一下，最后确定其中最合适一种。

我思考

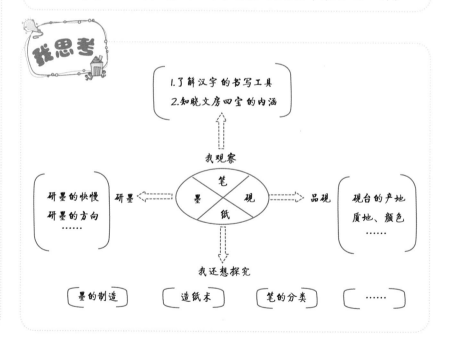

1.了解汉字的书写工具
2.知晓文房四宝的内涵

我观察

研墨的快慢　研墨　笔　砚　品砚　砚台的产地
研墨的方向　　　墨　　　　　质地、颜色
……　　　　　　纸　　　　　……

我还想探究

墨的制造　　造纸术　　笔的分类　　……

挑支毛笔来申遗

编者：肖冬梅

毛笔是中国古人发明的，几千年来，毛笔书写了中华民族最光辉灿烂的文字，是中华民族的一件珍宝，也是世界一份宝贵的遗产。

学校汉字文化节开幕了，同学们来一起为毛笔申请世界遗产写申请书。

我欣赏

我阅读

毛笔的由来

公元前 223 年，秦国大将蒙恬带领兵马在中山地区与楚国交战，双方打得非常激烈，战争拖了很长时间。为了让秦王能及时了解战场上的情况，蒙恬要定期写战况报告递送秦王。那时，人们通常是用竹签蘸墨，然后再在丝做的绢布上写字，书写速度很慢。蒙恬虽是个武将，却有着满肚子的文采，用竹签笔写战况报告，常影响他的思绪。那种笔硬硬的，墨水蘸少了，写不了几个字就得停下来再蘸；墨水蘸多了，直往下滴，又会把非常贵重的绢给弄脏了。蒙恬以前就萌生过改造笔的念头，这次因要写大量的战况报告，这个愿望就越来越强烈了。

战争的间隙，蒙恬喜欢到野外去打猎。有一天，他打了几只野兔子回军营。由于打到的兔子多，拎在手里沉沉的，一只兔子尾巴拖在地上，血水在地上拖出了弯弯曲曲的痕迹。蒙恬见了，心中不由一动：

"如果用兔尾代替普通的笔来写字，不是更好吗？"

回到营房之后，蒙恬立刻剪下一条兔尾巴，把它插在一根竹管上，试着用它来写字，可是兔毛油光光的，不吸墨水，在绢上写出来的字断断续续的，不像样子。蒙恬又试了几次，还是不行，好端端的一块绢也给浪费了。一气之下，他把那支"兔毛笔"扔进了门前的山石坑里。

蒙恬并不甘心失败，仍然抽时间琢磨其他的改进方法。几天过去了，他还是没有找到合适的办法。这一天雨后，他走出营房，想呼吸一下新鲜空气。走过山石坑时，他又看到了坑里那支被自己扔掉的"兔毛笔"。蒙恬将它捡了起来，用手指捏了捏兔毛，发现兔毛湿漉漉的，毛色变得更白更柔软了。蒙恬大受启发，马上跑回营房将它往墨汁里一蘸，兔尾这时竟变得非常"听话"，吸足了墨汁，写起字来非常流畅，字体也显得圆润起来。

毛笔的构成

毛笔是由 ＿＿＿＿＿ 和 ＿＿＿＿＿ 组成的。

毛笔的种类

按笔毛的种类不同，可分为硬毫（狼毫）、软毫（羊毫），兼毫（狼、羊毫混合）三大类；按笔毛的长短不同，可以分为长锋、中锋、短锋。

狼毫　　　　　羊毫　　　　狼、羊毫混合

下面的字是用哪种毛笔写的？

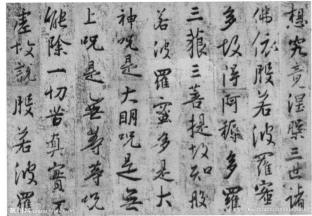

各种毛笔的性能

硬毫笔：用鼠须、猪鬃制成。这种笔弹性强，容易上手，写字锐利，点画瘦劲。宜书写小楷和国画的线条勾、描等。

软毫笔：用山羊毛等制作。软毫笔笔端柔软，弹性较差，不易控制，价格低，笔画圆润丰满。写的字体比较丰满，故适宜写较大的字和作国画的点叶、渲染等用。

兼毫笔：用两种以上的毫制笔，称兼毫。一般以狼毫或紫毫（紫色兔毛）与羊毫合制而成。

请尝试按照下面的方法握住毛笔写字

大拇指：拇指由笔管内侧向外推；

食指：由笔管外侧向内压；

中指：由笔管外侧向里钩；

无名指：指甲由笔管内侧向外挡；

小指：抵着无名指，而衬托之。

这样五个手指力量均匀地围住笔的三个侧面，使笔固定，手心虚空。这就是所谓的"五指执笔法"，右手五指全派上用场，用"按、压、钩、顶、抵"的方法把笔执稳，手指各司其职。执笔以指实掌虚为原则，外实如莲花半开，内虚可容蛋。笔管以正直为原则。用力要适度，过紧过松都不适宜哦。

王献之握笔

王献之七八岁时开始向父亲王羲之学书法，有一次，王羲之看献之正聚精会神地练习书法，便悄悄走到背后，突然伸手去抽王献之手中的毛笔，献之握笔很牢，没被抽掉。王羲之夸赞他："此儿后当复有大名"。

　请用钢笔、铅笔、毛笔分别写字，你更喜欢哪个？为什么？

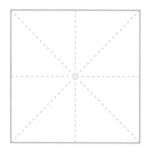

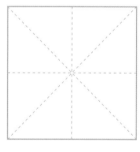

　让我们总结一下，毛笔的价值，写一个毛笔申遗的申请书。

挑支毛笔来申遗

在毛笔发明之前我们用什么书写？

毛笔的发明对汉字有什么影响？

握笔的方式对书写汉字有什么影响？

我还想了解……

乘坐汉字之舟 溯游历史长河

编者：朱舟舟

汉字的呈现需要一个承载体，纸就是汉字的众多载体之一。今天我们要一起去溯游历史的长河，看看各式各样的汉字载体。

第一站：殷墟

殷墟，是中国商王朝后期都城的遗址，在今河南省安阳市西北郊的洹河南北两岸，以小屯村为中心。专家考证出甲骨文起源于小屯一带。

 **小贴士**

甲骨文

中国最古老的汉字，是写在甲骨上的。甲骨，通常是龟的腹甲和牛的肩胛骨，有时也有牛、鹿的头骨和虎骨。而人们之所以采用这类特殊的材料作为文字的载体，是由3 000多年前产生于殷商时代晚期奇特的占卜文化所决定的。

出于对天地鬼神的敬畏，当时的人们无论从事何种重大的活动之前都要先进行占卜，由鬼神来告之其事是否可行或行之是吉是凶。占卜仪式结束后，通常由巫者在兆纹的附近刻上占卜时间、所问之事、占卜人、占卜结果等，称为"卜辞"；待事情发生之后，还要记上灵验与否，即所谓"验辞"。

 想一想

甲骨上的文字清晰吗？
甲骨方便携带吗？

第二站：商王的皇宫

小·贴士

司母戊鼎内壁铸有"后母戊"三字。字体笔势雄健，形体丰腴，笔划的起止多显锋露芒，间用肥笔。该鼎是商王为祭祀其母"戊"而做，造型厚重典雅，气势恢宏，纹饰美观，铸造工艺高超，是迄今为止发现的最大的商代青铜礼器。

想一想　文字刻在方鼎上有什么好处和不足之处？

第三站：孔子的书房

小·贴士

竹简是我国历史上使用时间最长的书籍形式。竹简的做法一般是把竹子或木板劈成狭长的小片，用刀在片的表面刮削平滑，然后用笔写上文字，这种写成字的竹片叫"简"。把一片一片的"简"按文字内容的次序，用牛皮、丝绳或其他什么绳子串联起来，叫"简册"。

想一想　竹简的携带有没有不方便之处？

第四站：马王堆汉墓

 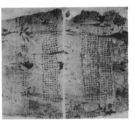

 小·贴士

　　马王堆汉墓发现的大批帛书，均出自3号墓东边箱的长方形漆盒中。帛书大部分写在宽48厘米的整幅帛上，折叠成长方形；少部分书写在宽24厘米的半幅帛上，用木条将其卷起。那批帛书出土时都已严重破损，经整理，共有28件。

 想一想

帛有什么好处？有什么不好的地方？

第四站：毛泽东的书房

 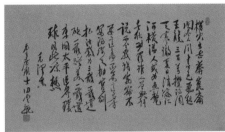

 小·贴士

　　毛泽东是20世纪的书法大家，其独特的"毛体"书法艺术已为书法界所公认，"毛体"书法受到了中国广大书法爱好者的推崇和喜爱，他的草书炉火纯青，直笔劲书，汪洋恣肆，任意挥洒，线条奔放呈左斜势，动感强烈。

 想一想

汉字写在宣纸上有什么好处和不足？

我欣赏 第五站：电子商店

手机芯片

移动硬盘

云端

平板电脑

 想一想

电子产品对汉字的存储有什么好处和不足？

 顶一顶 请在下面的圆圈中填写汉字载体的变化过程

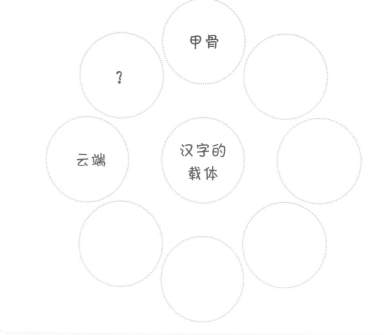

甲骨

？

云端

汉字的载体

 我思考

问题一：什么促使汉字载体从甲骨文一直发展到电子产品？

问题二：今后汉字还可能有哪些有用的载体？

带着汉字去画画

编者：吕　芳

我观察

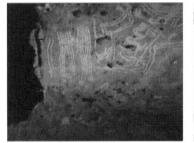

小故事

　　丁丁和爷爷去参观洞穴，丁丁问："爷爷，岩壁上那些画是什么啊？"爷爷说："这是中国最早的文字。你看，这个字像什么呀？""像牛！""恩，古人就是根据牛的外形来造'牛'字的。"

我欣赏

骑

马

射

鹿

火

龟

想一想

仔细观察你发现了什么规律？

小故事

根据图片创造属于你自己的甲骨文

我欣赏

写一写

仔细观察汉字的形态变化过程，你发现了什么？你最喜欢哪一种？

想一想

你能从这些画中看出各是由哪些汉字组成的吗？

我欣赏

同学们的姓名画

我尝试

请模仿古汉字的形态，为自己设计一张姓名画！

我的名字是 _____

编者：何菲菲

音乐，离不开汉字

我欣赏

猜一猜

下面这些古代乐器叫什么？

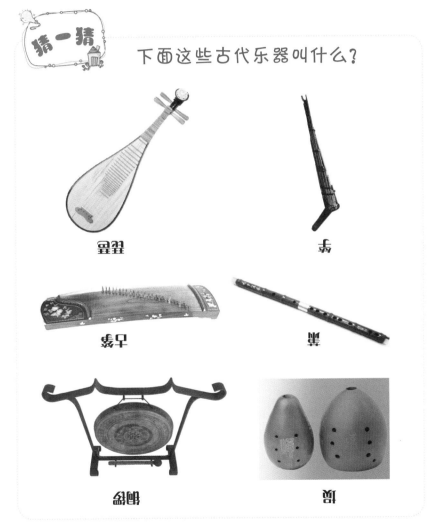

为乐器造字，请将这些古汉字与古乐器连一连！

你能把这首古曲哼出来吗？
有乐器的也可以试试弹出来哦！

小·贴士

这种乐谱是中国古代最广为使用的乐谱，名叫工尺（CHE 第三声）谱。

工尺谱写法　　　上 尺 工 凡 合 四 一
相当于简谱唱名　1 2 3 4 5 6 7

工尺谱写法　　　上 尺 工 凡 六 五 乙
相当于简谱唱名　1 2 3 4 5 6 7

工尺谱写法　　　仕 伬 仜 仈 伏 仩 仃
相当于简谱唱名　1 2 3 4 5 6 7

我欣赏

春曉

春眠不覺曉，處處聞啼鳥。
夜來風雨聲，花落知多少。

孟浩然

我体验

你能试着把歌词填进去吗？

歌曲《春晓》

1＝D　4/4

稍慢

[唐]孟浩然 词
陈炳铮 吟诵谱

i 6 i 5 | 3 - - 0 | 6 6 5 6 | 2 - - 0 |

5 3 6 3 | 5 2 - 3 | 5 3 2 1 | 6 - - 0 |

1 6 3 1 | 2 - - 3 | [1. 5 3 5 7 | 5̇ 6 - - 0 :|

[2. 5 3 5 7 | 5 6 - - | 6 - - 0 |

你知道这首诗歌的意思吗？

填一填

请你为这首乐谱填词。

想一想

对比古代乐谱和现代乐谱，你发现了什么？
汉字起了些什么作用？

我的印章我做主

编者：吴 卓

和氏璧

　　春秋时期，楚国有一个叫卞和的琢玉能手，在荆山（今湖北省襄阳市保康县内）得到一块璞玉。卞和捧着璞玉去见楚厉王，厉王命玉工查看，玉工说这只不过是一块石头。厉王大怒，以欺君之罪砍下卞和的左脚。厉王死后，武王即位，卞和再次捧着璞玉去见武王，武王又命玉工查看，玉工仍然说只是一块石头，卞和因此又失去了右脚。武王死后，文王即位，卞和抱着璞玉在楚山下痛哭了三天三夜，眼泪流干了，接着流出来的是血。文王得知后派人询问为何，卞和说：我并不是哭我被砍去了双脚，而是哭宝玉被当成了石头，忠贞之人被当成了欺君之徒，无罪而受刑辱。于是，文王命人剖开这块璞玉，见真是稀世之玉，命名为和氏璧。

传国玉玺

　　"传国玉玺"，又称"传国玺"、"传国宝"，为秦以后历代帝王相传之印玺，乃奉秦始皇之命所镌。

　　其方圆四寸，上纽交五龙，正面刻有李斯所书"受命于天，既寿永昌"八个篆字，以作为"皇权神授、正统合法"之信物。

　　历代帝王皆以得此玺为符应，将其奉若奇珍、国之重器。得之则象征其"受命于天"，失之则表现其"气数已尽"。凡登大位而无此玺者，则被讥为"白版皇帝"。"传国玉玺"屡易其主，辗转于神州大地2 000余年，忽隐忽现，终于销声匿迹，至今杳无踪影。

小·贴士

秦始皇

秦始皇嬴政（前259年—前210年），出生于赵国首都邯郸，秦庄襄王之子。十三岁继承王位，三十九岁称帝，在位三十七年。中国历史上著名的政治家、战略家、改革家，首位完成华夏大一统的铁腕政治人物。秦始皇建立首个多民族的中央集权国家，曾采用三皇之"皇"、五帝之"帝"构成"皇帝"的称号，是古今中外第一位称皇帝的封建王朝君主。

历代玉玺

赵匡胤之玉玺

努尔哈赤之玉玺

太平天国之玉玺

清朝皇帝的玉玺

康熙之玉玺

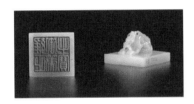

雍正之玉玺

乾隆之玉玺

嘉庆之玉玺

篆刻中的阴文和阳文

印章上文字或图像有凹、凸两种形体，凹下的称阴文(又称雌字)，反之称阳文。阴、阳文是篆刻中两种不同的表现形式。

 想一想

上面篆刻哪些是阴文，哪些是阳文？

篆刻的艺术鉴赏

汪启淑：绕屋峰峦三十六

齐白石：中国长沙湘潭人也

吴咨：子贞氏

邓石如：意与古会

我的印章

1、印章表面取平，去蜡；

2、以四个字为例，在印章石表面平均分出四个区域，取四边的中点，用钢笔划线；

3、在每个区域里面写上反字，这一步骤需要反复修改，不大推荐用印纸去拓印；

4、根据字体的大小，选择合适的刻刀，沿着字体的轮廓，先划出浅浅的线，画完线后，再用刻刀慢慢除去轮廓以外的部分；

5、刻好后，用水洗净印章，然后蘸上印泥试试效果。

与"我"同行 感受儒家文化

编者：肖 娴

学校将举办一个关于儒家文化的古代知识竞答，那什么是儒家文化呢？

老师让我们去博物馆深入地了解。

儒家文化是以儒家思想为指导的文化流派。儒家学说为春秋时期孔子创立，核心是"仁"，提倡孝、第/弟、忠、信、礼、义、廉、耻。其中第/弟，即悌（tì），指善待兄弟。

儒家学说经历了汉武帝"罢黜百家，独尊儒术"后，得到后人的发扬，对我国的文化发展起了决定性的作用。

小贴士

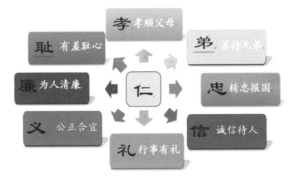

儒家文化的衣、食、住、行

衣

食

住

行

猜猜"我"之源

猜猜看，这是什么？古人根据它的形状还造了一个字，你认为可能是现在的哪个字？

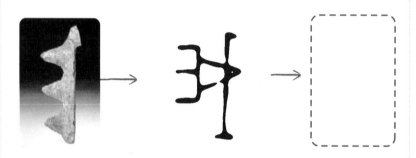

小·贴士

古人对"我"的谦称

【愚】谦称自己不聪明。

【鄙】谦称自己学识浅薄。

【敝】谦称自己或自己的东西不好。

【卑】谦称自己身份低微。

【窃】有私下、自私之意，使用它常有冒失、唐突的含义在内。

【臣】谦称自己不如对方的身份地位高。

【仆】谦称自己是对方的仆人，使用它含有为对方效劳之意。

你发现了吗？儒家文化讲究等级身份，所以在古代，不同的人，自称是不一样的。

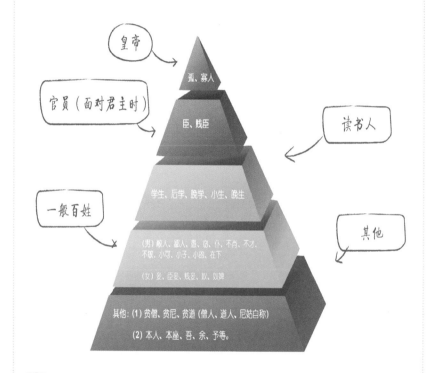

想一想

古人为什么把"我"分得那么复杂？为什么不同的人用不同的"我"呢？

 请将古人对"你"的不同称谓与其特点连线表示出来

尔 若 汝 乃 君 公 足下 公子 彼

对平级的称谓

比较有气势的称谓

对上级尊重的称谓

不带感情色彩的称谓

 正规揖礼

 一般揖礼

 拜礼

 想一想

古人在相见时，什么时候拱手作揖？什么时候磕头？

请仔细观察儒家的叉手礼和道家、佛家的有什么不同？

儒家　　　　　道家　　　　　佛家

想一想

儒家叉手礼：双手在胸前交叉叠并，推出，平示。

道家叉手礼：两手在胸前相叠，左手上右手下，表示恭敬。

佛家叉手礼：两掌对合于胸前。

请你将现代社会中表达"我"、"你"、"他"的汉字写出来。

想一想

"我尝试"中，大家写的汉字一样吗？

和古代社会相比，现代社会的称呼大大简化了，为什么呢？

汉字，我是你的fans

编者：韩冰冰

读一读

汉字真有神力吗？

爷爷说：从小我就对汉字充满敬畏，小时候，有时会突然莫名其妙地浑身出现一片片痱子，父亲就用毛笔给我在前后左右分别写上两个字，过一会痱子就全消失了。长大后我才知道父亲写的是前"朱雀"后"玄武"左"青龙"右"白虎"。

那时妹妹还小，有时候晚上哭闹，父亲就用高粱秸劈开磨光，写上"拔火杖拔火杖，夜里捉鬼符，捉着夜行鬼，打死不要放"，然后裹张黄纸，用火点着，一边烧，一边念写的那些字，妹妹一会儿便安睡了。

小贴士

古人认为文字的一点一画都包含上天的信息，关乎人事的祸福吉凶，这和人类早期利用文字与天地神祇沟通是一脉相承的。

猜一猜

古人相信汉字可以代形代物、镇邪驱魔。

古人是怎样利用汉字神力的？

古人用的桃符是用来辟邪的

每到过年前，门上的春联写有祈愿含义的文字，它有着辟邪的功能

人们对汉字"福"、"禄"、"寿"、"喜"等吉祥字充满崇拜

小贴士

"寿"字已经图腾化，有超过百种的写法。

猜一猜

古人是如何崇拜汉字的？

这个亭子是做什么用的？

敬字亭就是焚化炉，专门焚烧白纸黑字。用以祭祀仓颉、求取功名，求以记账、诗词等文字写作顺利。古人焚烧字纸，表示对文字的尊重。有所谓的"拾纸人"专门研究收集捡拾纸张，放入字纸篓，放入敬字亭焚烧。

"字冢"又是什么？

"字冢"埋葬的是字——印在纸上的字。明清以至民国，有一种特有的文化现象——"敬惜字纸"，对写有字的纸张不随便乱扔，不拿来包食物、垫屁股，不和钱放在一起，信奉字是圣人所造，对字纸要好好爱惜。清代此风最盛，还编印了书籍，劝诫人们不但自己要敬惜，还要去收集丢弃的字纸，已到了迷信的程度。

日本人对汉字的崇拜

日本人崇拜汉字文化，每年报考汉字测试的日本人比考英文托福的人还多。日本的电视问答节目就经常以考汉字为主题，日本的地铁、告示牌、书本都会用到汉字。一些日本脑科学专家指出，多写汉字能增强脑力、开发智力。每年，日本都要评选汉字之最。

年度汉字"变"，贴切地反映了日本突变的经济。"变"字在日文的另一个意思是"怪"。

为什么这些人用汉字纹身?

 小贴士

汉字产生之初叫作"文"，具有美饰的含义，这从古汉语"文饰""文身"等词组中即可看出。现代人为了追求时尚，常常将自己喜欢的汉字纹画在身上，同时也用汉字对自己进行激励。

写一写

说名解字

中国人的名字对于一个人有非常的意义

我的名字叫＿＿＿＿＿＿＿＿＿

家人给我起这个名字的原因是＿＿＿＿＿＿＿

小贴士

我国现代著名作家郭沫若，原名郭开贞，1919年，他在日本留学时，才取了"沫若"这个笔名。这是什么意思呢？"沫"、"若"，即沫水和若水，是流经郭沫若家乡的两条河流。郭沫若取此二水之名作为笔名，表达他身在异国、不忘家园的感情，表现了他强烈的爱国主义思想。

笑一笑

老板O'Brien是个老外，让我帮忙起个中文名。我告诉他："你的名字读快了是个很霸气的大英雄，被称为第一勇士，一个朝代的开国元勋、公爵、皇帝的辅政大臣，就像你们亚瑟王的兰斯洛特一样。"他眼睛一亮："快把名字写给我看！"第二天全公司都收到他的信，昭告天下起中文名了，落款是两个刚劲有力的楷字——鳌拜。

想一想

作为汉字的忠实FANS，你最崇拜哪个汉字，用什么方式崇拜？说说理由。请同学们自制作品，表达你对汉字的崇拜之情。

（提示：形式可以是写字、绘画、篆刻、手工制作、泥塑等；载体可以是纸张、布匹、竹木、塑料，甚至是皮肤等。发挥你的想象力，别忘了把你最崇拜的汉字表现出来。）

贴一贴

请将你的作品照片贴上

我的汉字偶像

汉字：＿＿＿＿　设计者：＿＿＿＿　年龄：＿＿＿＿　＿＿年＿＿月

汉字"惹祸"了

编者：何 云

故事一

一封家书

乾隆年间，云南有一个叫德财的中年人，很早便带着儿子到山东打工，家中留下了老婆和儿媳。几年下来倒也攒下了几个小钱，爷俩一合计便在山东开了个小茶馆。由于两人本分勤快，生意是一天比一天红火，两人也就忙不过来了，雇了个打杂的帮忙。

这天下雨，店中没有几个人，德财闲着没事便想家了，想给家里写一封家书报平安，可是他不会写字，便叫儿子来写。儿子一听犯了难，他也就读过几天私塾，斗大的字不认识几个，怎么写啊？德财对他儿子说："随便写，就说店里很忙，雇了一个人就行。"但是儿子"忙"和"雇"不会写，结果写成"店亡，故一人。"就寄回了家。

话说这婆婆和儿媳收到信后也犯难了，她俩也不识字，就找个秀才帮她们读一下。秀才看了信的内容后脸色大变，连说道："不好啊，不好啊……"婆媳着急了，便问怎么回事。秀才对他们说："信上说'店亡，故一人'，意思就是你们当家的开的店关门了，还死了一个人。"婆媳一听，大哭起来，但信上没说死了谁，更让婆媳着急，心中就跟刀割一样。

又过了一年，德财寻思和儿子回家一趟，便对儿子说："我们回家一趟，把店门先关几天吧。"儿子应道："爹你先回去吧，我收拾一下，随后就到。"于是德财便先行一步了。儿子收拾了一下，在父亲走后半个时辰便踏

上了回家的路，一路也没追上父亲。

德财很快到家了，在村前的河边看见了儿媳在洗衣服，便走了过去。儿媳一看公公回来了，心里很高兴，但左看右看没看见自己的男人，便想起那封信上说死了一个人，看来肯定是自己的男人了。想着想着就伤心地哭了起来。德财一看儿媳哭得这么伤心，心想：坏了，哭得这么伤心，是不是自己的老伴死了？也就跟着哭了起来。

儿子也很快就到家了，正好看见母亲在家。母亲一看儿子回来了，也想起了那封信，以为自己的老头子死了，就嚎啕大哭起来。这下子，德财一家全乱套喽！

 想一想

为什么德财一家乱套了？问题出在哪？汉字究竟在哪里惹祸了？

明朝时的文字狱

明太祖朱元璋参加过元末农民起义，因而十分讨厌"贼"、"寇"等字眼，又因为他当过和尚，所以对"光"、"秃"、"僧"这些字都非常讨厌。有一次，杭州府学教授徐一夔在书上用"光天之下"、"天生圣人"、"为世作则"等语赞美朱元璋。朱元璋却牵强附会，硬认为"光"是指光头，"生"就是"僧"，是在骂他当过和尚；"则"与"贼"近音，意在骂他是贼，竟下令把徐一夔杀了。

 想一想

请问"光""生""则"三个字惹了什么祸？

"清风不识字"案

　　翰林院庶吉士徐骏，是康熙朝刑部尚书徐乾学的儿子。雍正八年（1730年），徐骏在奏章里，把"陛下"的"陛"字错写成"狴"字，雍正见了，马上把徐骏革职。后来雍正再派人一查，在徐骏的诗集里找出了如下诗句"清风不识字，何事乱翻书"、"明月有情还顾我，清风无意不留人"，于是雍正认为这是存心诽谤，照大不敬律，判徐骏斩立决。

 想一想

　　"清风不识字"的诗句就是对清王朝的存心诽谤吗？

《南山集》案

　　方孝标曾到云南做过吴三桂的官，后来及早投降清朝免死，著有《滇黔纪闻》等书。戴名世见其书，在所著《南山集》中加以引用，结果被人告发认为其著作中有"大逆"语。其实著作中并无真正诋毁清朝的"大逆"之语，只是方书说到南明永历政权未可称为伪朝，戴书提到南明弘光帝及其年号，犯了清朝的大忌。结果此案也波及数百人，吏部原定将戴名世斩首，处死家族中十六岁以上男子，将女眷等没收为奴婢。不过后来康熙下令只杀戴名世一人，其余原定处死的百余人改为流放宁古塔。

假设一下，现在我们跟着多啦A梦乘坐时光穿梭机，来到清朝雍正年间。清明节到了，故乡的一位名叫黎凡青的母亲给远在外地求学的儿子福鸣写了一封家书，让他回家乡祭先祖。现在就请你来帮她写这样一封家书。

家书写好了吗？你有没有检查一下你的文字呢？你担心因汉字而惹祸吗？

替汉字伸冤

真的是汉字闯的祸吗？到底是谁带来的祸患？这种祸患对汉字的发展带来了哪些消极的影响？

历朝历代文字狱小故事一览表				
名 称	朝 代	原 因	后 果	"替汉字申冤"
......				

我和会翻跟头的"福"字交朋友

编者：李雪琴

 我欣赏

过年了，家家户户门口都挂上了"福"字。

我临摹

倒贴"福"字的来历

明太祖朱元璋当年用福字作暗记准备杀人。好心的马皇后为消除这场灾祸，令全城大小人家必须在天明之前在自家门上贴上一个"福"字。马皇后的旨意自然没人敢违抗，于是家家门上都贴了"福"字。其中有户人家不识字，竟把"福"字贴倒了。

第二天，皇帝派人上街查看，发现家家都贴了"福"字，还有一家把"福"字贴倒了。皇帝听了禀报大怒，立即命令御林军把那家满门抄斩。马皇后一看事情不好，忙对朱元璋说："那家人知道您今日来访，故意把'福'字贴倒了，这不是福到的意思吗？"皇帝一听有道理，便下令放人，一场大祸终于消除了。从此人们便将"福"字倒贴起来，一求吉利，二为纪念马皇后。

 想一想

如何用"福"字的剪纸让生活更美好？

如何用"福"字的饰品让生活更美好？

如何用"福"字的书画让生活更美好？

你觉得还有哪些方法可以用"福"字让生活更美好？

我探索

中国传统节日	民风民俗	代表汉字
春节		
元宵节		
清明节		
端午节		
中秋节		
腊八节		

"囧"字的生日party

编者：林 虹

猜一猜

是谁？

小·贴士

囧 （jiǒng）口部，7画

从2008年开始，在中文地区的网络社群间，它成为一种流行的表情符号，据称是"21世纪最牛的一个字"。

"囧"，是古汉字，本意是"光明"，它从字典里复活，被赋予的新意是悲伤、无奈或者极为尴尬的心情。要理解这一点非常容易，如果把"囧"字看成是一张人脸，那么"八"就是两道因悲伤和沮丧而下垂的眉毛，"口"则是张口结舌的那个口。当一个人说"我很囧"的时候，可以想象他的那副表情完全和"囧"一样。而"囧"字的发音和"窘"完全一致，简直再完美不过了。

"囧"的生日快到了，他给大家发来一封邀请函，那可是用最流行的"网络火星体"写成的哦！谁来翻译一下？读了这封信，你有什么感受？

我思考

覿∈⊖v£口々倗茇：

您dē—MALL敊收菿喇!呪(5)晚夫，誠邀您菿球镲蔓+wǒd洼驵Party，吔點漢荸街1號。

您商倗茇"囧"
馬婞馬玥鸭鉬

今天是"囧"6岁的生日会，"囧"邀请了他的很多好朋友，请看一看他们都是谁？

猜一猜

第一位朋友到

萌

（méng）艹头，11画

2009年流行字，这是一个来自动漫的网络流行字。本意是指草木初生之芽。在网络流行语中，这个字是借助漫画释义，形容纯真、可爱、美好、天真无邪到了一定程度，同时还代表刚刚生出、不夹带任何杂质的美好感情、喜爱、欣赏等。

第二位朋友到

雷

（léi）雨头，13画

2009年流行字，最初起源于动漫人物受到强烈感情冲击的状态，其贴近词为"晕"。不过在这个情感复杂的时代中，"晕"已经无法表达对事物的崇敬之心情或噉噉反胃的感觉。于是，"雷"字应运而生，挺身而出、义无反顾地战斗在了网络第一线。某些时候"雷"也可以解释为：因为事物的某些属性，而使看到的人产生无限热爱的一种情况。

玩转汉字

请用小组合作的形式，通过网络搜寻等途径，搜集网络最潮汉字，并为"囧"的生日会写一段贺词。

第三位朋友到

宅

（zhái）宀头，6画

2009网络流行字，"宅"本来是指住所，现在被用来指某些沉迷于自己兴趣而不问世事，不与他人来往，除了自己的兴趣，其他的一切事情都不以为意(包括个人卫生、人际来往、维持生活的基本收入等)的状态，如"火车宅"、"建筑宅"、"军事宅"、"动漫宅"等。贬义词，给其他人的感觉等同于偏执狂和变态。而后随着"动漫宅"队伍的不断扩大，这种称呼才被社会大众所了解。

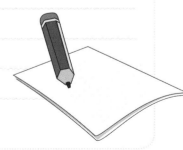

汉字文化·网络汉字

仔细观察这些新兴网络潮字，他们的音形义与传统的相同吗？

字		音	形	义	变化的缘由
囧	传统	无变化	基本相同	光明	根据字形联想
	网络			尴尬	
萌	传统				
	网络				
雷	传统				
	网络				
槑	传统				
	网络				
呆	传统				
	网络				

我们来评选年度汉字

编者：赵会平

年度汉字是什么？

在日本，每年会举行一项活动，那就是年度汉字评选活动。年度汉字，往往凝聚着一些网民对过去一年的记忆。各地民众根据一年内发生的国内国际大事，选定一个汉字反映全年焦点。

2008年12月12日，日本汉字能力鉴定协会宣布"变"当选年度汉字。

为什么选"变"字呢？

小·贴士

政治的改变(日本首相的变动、美国总统奥巴马的竞选口号——"change")、经济的改变(全球股市暴跌、日元汇率急升、原油价格暴起暴落)、食品安全意识的改变等等。

小·贴士

同年在中国，《厦门商报》评选出来的年度汉字为"震"。2008年最能够让国人铭记的就是汶川大地震。"震"不仅是对地震本身的描述，更是对人们在地震之后的精神受到冲击的描述。这一年中国发生了太多事情让世界震惊！从年初的冰冻雪灾，到5.12汶川大地震，再到北京奥运会、三鹿奶粉事件。那一年，金融风暴震动全球，这场灾难至今仍然余震未平。

2010 年"涨"字被选为中国年度汉字

 写一写

为什么"涨"被选为年度汉字呢？

 小贴士

　　专家表示，"涨"字是国力、热情、干劲的上涨，体现了国人对祖国实力、社会生活、自身工作等方方面面"节节高"的期许。

2011 年"控"字被选为中国年度汉字

 写一写

为什么"控"被选为年度汉字呢？

 小贴士

　　通胀之下，"控"是政府责任，也是百姓企盼。在特定情境之下，人的生活方式与生活形态，也都会面临不同的选择与捆绑。

2012 年"梦"字被选为中国年度汉字

写一写

为什么"梦"被选为年度汉字呢？

小·贴士

"中国梦"在网民中有深厚的民意基础，奥运梦、飞天梦、航母梦、诺贝尔奖梦、GDP赶英超法梦，一一兑现，可见"国运来了，挡也挡不住"。

2013 年"房"字被选为中国年度汉字

写一写

为什么"房"被选为年度汉字呢？

小·贴士

中国房子问题是最重要、最热议的问题。新词语中，"房式家族"的"房哥"、"房嫂"、"房姐"、"房妹"、"房叔"、"房婶"、"房媳"、"房爷"以至"房祖宗"都进入公共舆论。这些得益于"网络反腐"。

2014 年中国年度汉字会是什么？

 想一想

请你关注今年中国发生了哪些大事情，也可以和你的父母讨论一下，看看你心目中的年度汉字是哪一个？

2014 年中国年度汉字：

入选理由：

跟着汉字环游世界

编者：汪 谦

越来越多的中国人走向世界，越来越多的外国人来到中国，是不是越来越多的汉字也"飞"到了国外？让我们去国外走一走，看一看。

第一站是哪里？

猜一猜

第二站是哪里?

小贴士

我国的汉字是世界上最古老的文字,它保存了人类历史上最为丰富的文明记录。除了中国人使用汉字,朝鲜、日本、越南也曾把汉字作为国家的通用文字使用。汉字最早传入朝鲜。早在春秋战国时期,朝鲜人民即开始使用汉字。公元5世纪,汉字经朝鲜传入日本。早期的日本作品和朝鲜作品均以汉字写成。

我阅读

汉字除了在我国内地、台湾、香港和澳门广泛使用外，也是新加坡、日本和韩国的通用文字。在现代朝鲜语的词汇中，有80%~90%是借用汉语或汉字构成的。1977年，日本《语言生活》杂志通过调查统计报道：1956年日本的常用汉字有3 328个，1976年为4 520个。日本国语审议会1979年3月拟订的《常用汉字表》(修正案)，收录汉字1 926个，作为日本使用汉字的规范。新加坡的华裔居民占总人口的75%，汉字作为官方文字，广泛使用，并与我国同步进行汉文字改革。另外，在泰国、美国、马来西亚等国的华人集中地区，通用汉字，或使用繁体汉字出版的中文书籍报纸很多。

第三站是哪里？

 第四站是哪里？

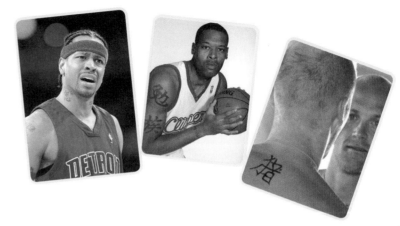

为什么汉字遍布全世界？
为什么那么多外国人想学习汉字？

文字海洋寻宝记

编者：钱 烨

我们来到了大海边，嬉戏玩耍……

这时海里漂来几个装有信件的漂流瓶，我们打开第一个漂流瓶……

第一封信件：一位古代美女写给丈夫的信

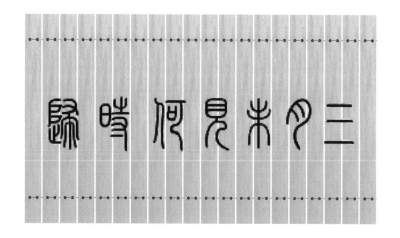

你能读懂这封信件吗？他的意思是：

_____

_____

三日未见何如兮

第二封信件：一个海盗的信

We hid the treasure in a small island in Caribbean. There is a huge rock, following a tunnel. The treasure is at the back of the tunnel.

你能读懂这封信件吗？他告诉我们：

_____

_____

我们把宝藏藏在加勒比海一个小岛上。那儿有一个巨大的岩石，顺着走是

一条隧道。宝藏在隧道的后面。

第三封信件：来自日本小朋友的信

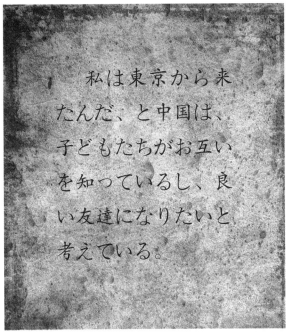

私は東京から来
たんだ、と中国は、
子どもたちがお互い
を知っているし、良
い友達になりたいと
考えている。

你能读懂这封信件吗？他的意思是：

我来自日本东京，希望
能和中国的小朋友互相
了解，成为好朋友。

猜一猜

日文中的汉字和中文一样吗？

日文中的汉字	日文	中文意义
演出	えんしゅつ	监制（戏剧或舞台等）
出演	しゅつえん	演出
親友	しんゆう	知己，最好的朋友
石頭	いしあたま	死脑筋，老顽固
浮気	うわき	外遇，见异思迁
財布	さいふ	钱包
一味	いちみ	同伙，同党
出張	しゅっちょう	出差
器用	きよう	灵巧，机灵
靴下	くつした	袜子
大物	おおもの	大人物
平気	へいき	不在乎，无所谓的
留守	るす	不在，忽略

实物	中文	英文	日文
	梨	pear	
	苹果		りんご
	马		馬
	猪	pig	
		mobile phone	携帯電話

 收到了前面的三封信，请你也写一封信，放进漂流瓶吧！

我们一起来造纸

编者：余鸿瑞

洛阳纸贵

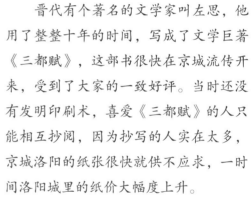

晋代有个著名的文学家叫左思，他用了整整十年的时间，写成了文学巨著《三都赋》，这部书很快在京城流传开来，受到了大家的一致好评。当时还没有发明印刷术，喜爱《三都赋》的人只能相互抄阅，因为抄写的人实在太多，京城洛阳的纸张很快就供不应求，一时间洛阳城里的纸价大幅度上升。

试一试

没有纸，在其他材料上能不能写字呢？

想一想

在这些材质上书写是什么感觉呢？
和纸相比它们的优点和缺点是什么？
你认为＿＿＿＿最好！

小·贴士

蔡伦造纸

东汉以前人们用竹简和丝帛作为记载文字的工具，使用十分不便。蔡伦从宫女们用蚕丝制造丝织品的过程中获得灵感，和匠人们共同研究，把树皮、麻头、破布、渔网等混合、捣烂并糅合在一起，拌匀后晾干。经过反复的实验研究，终于制造出了廉价、实用的纸张。蔡伦把发明纸的过程详细记录下来，连同自己制造的第一张纸，一起献给汉和帝，世人把这种纸称为"蔡伦纸"。造纸术是我国的四大发明之一。纸的发明，对人类文化的发展和传播起了很大的作用，是中华民族对世界科学文化的一项重大贡献。

古人的造纸

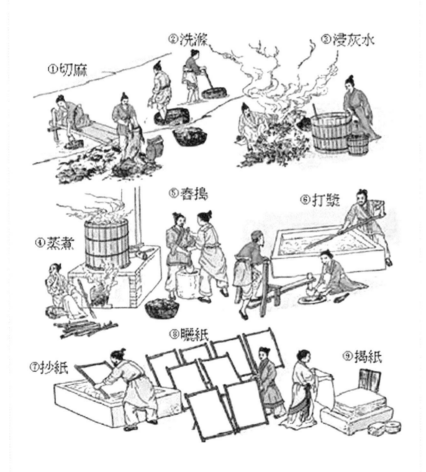

①切麻　④洗涤　③浸灰水　⑤舂捣　⑥打浆　④蒸煮　⑦抄纸　⑧晒纸　⑨揭纸

以竹纸为例，《天工开物》中这样介绍：

1.斩竹漂塘：斩下嫩竹，放入池塘，浸泡一百日以上，利用天然微生物将其分解再洗去竹子青皮；

2.煮徨足火：将以上所得之竹子，放入"徨"桶内与石灰一道蒸煮八日八夜；

3.舂臼：取出上述处理之竹子，放入石臼，以石碓叩打直至竹子被打烂，形同泥面；

4.荡料入帘：将被打烂之竹料倒入水槽内，并以竹帘在水中荡料，竹料成为薄层附于竹帘上面，其余之水则由竹帘之四边流下槽内；

5.覆帘压纸：将帘翻覆过去，使湿纸落于板上，即成纸张。如此，重复荡料与覆帘步骤，使一张张的湿纸叠积上千张，然后上头加木板重压挤去大部分的水；

6.透火焙干：将湿纸逐张扬起，并加以焙干。焙纸的设备是以土砖砌成夹巷，巷中生火，土砖温度上升之后，湿纸逐张贴上焙干。干燥后，揭起即得成纸。

现代造纸

请你用家里废旧的纸包装，尝试自己动手造出干净的纸！

 小贴士

兴趣造纸的步骤

A、碎解

将废旧的包装纸压扁，剪成小块，放入家用果汁机中加入适量清水，启动果汁机将包装纸碎解；

B、清洗

将碎解后的混合物倒入细筛中，加入清水搅拌清洗；

C、抄纸

将清洗过的纸浆倒入抄纸盆中，从中捞取适量的浆水混合物，用镊子轻轻压一压湿纸；

D、脱水

将湿纸张转移到对折的白色棉布上，用吸水布用力吸走抄纸模具正反面的水，再覆盖上白色棉布；

E、干燥

将湿纸张放在烫衣板上，使用电熨斗朝一个方向熨烫纸张，反复熨烫至湿纸张完全干燥。

我的第一本电子书

编者：林　涛

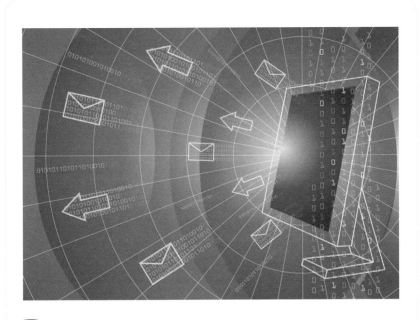

 想一想

现代科技的发展产生了电脑技术和网络技术，电子书也应运而生，同学们你们知道什么叫电子书吗？

 我欣赏

小·贴士

电子书

电子书一般有 2 种含义，一指e-book，一指专门阅读电子书的掌上阅读器。电子书的主要格式有PDF、EXE、CHM、UMD、PDG、JAR、PDB、TXT、BRM等等，目前很多流行移动设备都具有电子书功能。电子书又称e-book，是将书的内容制作成电子版后，以传统纸制书籍1/3至1/2的价格在网上出售。购买者用信用卡或电子货币付款后，即可下载，使用专用阅读器在计算机上离线阅读。电子图书不同于现在网上的免费线上阅读，它是与纸制版同步推出的最新书籍，所以阅读它要支付一定的费用。与光盘图书不同，e-book是基于因特网购买。

电子书的功能

电子书的功能：可以订阅众多电子期刊、书和文档，从网上自动下载所订阅的最新新闻和期刊，显示整页文本和图形，并通过搜索、注释和超链接等增强阅读体验，采用翻页系统，类似于纸制书的翻页。

获取电子书的途径

可以在网上将电子图书下载到电子阅读器上，也可以把自己购买的书和文档储存到电子阅读器上。电子书的获取与携带都非常方便，很小的电子设备就能装有大量的阅读资料。

hǎo123 小说　网站

电子书 (15)　
渣扬电子书城　　飞库　　　　　糯米TXT论坛　　书朋电子书　　阿巴达电子书
龙的天空　　　　派派小说论坛　搜娱电子书　　爱txt电子书论坛　TXT小说网
非凡TXT　　　　奇书电子书　　书包网电子书　久久小说网　　　4020电子书

订阅号
微信

在哪阅读电子书

看小说请上：http://www.readnovel.com/

看漫画请上：http://www.u17.com/

读散文请上：http://www.sanwen.net/shige/

读诗歌请上：http://www.gushiwen.org/gushi/

查文献请上：http://www.cnki.net/

听音乐请上：http://www.1ting.com/

学作文请上：http://www.easyzw.com/

学奥数请上：http://www.aoshu.com/

请你为自己的电子日记设计封面

封面设计应该考虑到：字体、图形、色彩、构图、格调。

1.字体设计除了字意的准确外，更多地要考虑它在整体构图中的位置、字形、大小、疏密、风格。

2.图形分具象和非具象两类，要根据书的内容加以选择。

3.我们可以依据人们对色彩普遍的认识和感觉来确定书的主体色调，如白色代表纯洁,蓝色代表浪漫,紫色代表神秘,绿色代表生命等等。

4.构图的规律：一是对称，将设计元素以中轴线或中心点同形同量地均匀分布；二是均衡，将设计元素不等距离摆放，而是有大有小、有轻有重、有远有近，给人心理上的平衡感；三是对比，将质和量相反的东西放置在一起，给人产生视觉上的区别和差异，如大小、高低、粗细、远近、疏密、黑白、繁简、虚实等等。

5.应该体现设计者独特的创意，而不是电脑效果的大拼盘。

我尝试

请你为自己的电子日记设计内页并将它贴在这里

小贴士

内页设计的参考模板

我创作

电子书的汉字输入

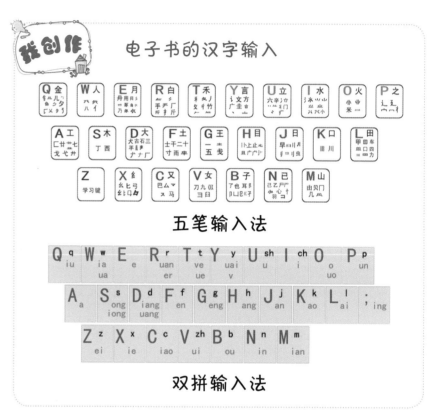

五笔输入法

双拼输入法

我阅读

　　王选，中国科学院院士，中国工程院院士。他领导研制出的汉字激光照排系统被誉为"汉字印刷术的第二次发明"。

"汉字诊所" 求医记

编者：程畛畛

语委办开展活动，邀请一些小学生作为"不规范汉字检查员"，对学校附近的汉字不规范使用情况展开了调查。北京市昌平实验小学三（1）班的蒋梦甜同学交来了这样一份"诊疗单"。她的建议合理吗？

学校班级	北京市 昌平实验 小学 三（1）班		
姓　名	蒋梦甜		
拍摄地点	北京市	北海公园	永安寺
不规范字类型	繁体字		
不规范字写法	法轮殿 法调天人		
诊疗建议	改写成简体字：轮		

想一想

不规范汉字满天飞，汉字不管能行吗？

玩转汉字

小贴士

国家规定，繁体字和异体字在以下场合是可以使用的：

① 文物古迹

② 姓氏中的异体字

③ 书法、篆刻等艺术作品

④ 题词和招牌的手书字

⑤ 出版、教学、研究中需要使用的

⑥ 经国务院有关部门批准的特殊情况

如何管理不规范用字

你们知道应该如何管理这些不规范用字吗？

国家语言文字工作委员会制订了哪些城市社会用字管理的标准呢？

查一查

生活中有很多不规范使用汉字的现象，哪些字属于不规范用字呢？

照片	不规范用字	正确写法

照片	不规范用字	正确写法

照片	不规范用字	正确写法

不规范用字类型	汉字
繁体字	
异体字	
二简字	

诊疗建议单

学校班级	市　　小学　　班
姓　名	
不规范字类型	
不规范字写法	
诊疗建议	

开办汉字商品超市

编者：徐晓蓓

想一想

历史博物馆旁边的超市里，有一堆积压的白色上衣卖不出去。怎么办呢？

猜一猜

你知道这些汉字的经济价值吗？

店主看到铜钱，忽然想到了在上衣上写汉字的"金"点子！

他把各种寓意美好的字、诗词等印在了衣服上，结果衣服很快被抢购一空了。聪明的老板盯着店里的其他东西，又动起了脑筋。请你也帮他想一想，还可以将哪些东西做成汉字商品呢？

我创意

你还能帮店主想到更多的汉字商品吗？

汉字衫

汉字杯

汉字饰品

汉字商品

我欣赏

这些汉字，真有意思！

可以吃的汉字

可以穿的汉字

可以玩的汉字

试试看，你能不能帮汉字商品超市设计有特色的宣传语，并且把它画出来？

为我们的汉字商品超市设计一个招牌吧！

 小贴士

 小贴士

书法作品的拍卖会明天就要举行了，我们一起去见识一下吧！

编者：徐文姝

书法作品拍卖会

中国书法名家作品拍卖会
2014 年 10 月

作者：李叔同　润格：60 000 元

作者：林散之　润格：30 000 元

作者：萧 娴 润格：50 000 元

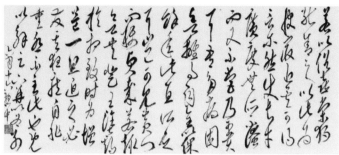

作者：启 功 润格：20 000 元

作者：费新我 润格：30 000 元

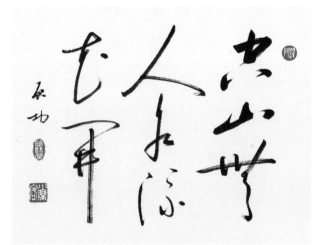

作者：启 功 润格：68 000 元

小贴士

润格旧指为人做诗、做画等所定的报酬标准，现指书画家出售作品所列价目标准，又称润例、润约和笔单等，如同发表文章的稿酬一般。

让我们一起来了解这些书法的作者们吧！

李叔同

李叔同（1880—1942），号弘一，曾任南京高等师范学校老师。他是中国新文化运动的先驱，是著名音乐家、美术教育家、书法家、思想家、革新家，他把中国古代的书法艺术推向了极致。

林散之

林散之（1898—1989），曾任南京江浦县副县长，自幼喜爱书法，但大器晚成。其书法之气、韵、意、趣，到达了超凡的境界。林散之被誉为"草圣"，林散之的草书被称为"林体"。

萧娴

萧娴（1902—1997），中国当代最著名的女书法家之一，曾任江苏文史馆馆员。萧娴学书从篆隶入手，取法于古，以大字行楷为胜，受康有为书法影响极深。其书法作品以"三石一盘"（篆书《散氏盘》、《石鼓文》、隶书《石门颂》、楷书《石门铭》）为宗。

启功

启功（1912—2005），清代皇族之后。中国当代著名书画家、教育家、古典文献学家、鉴定家、红学家、诗人、国学大师，曾任北京大学教授，中国书法家协会名誉主席。他的书法作品，表现出优美的韵律和深远的意境，被称为"启体"。书法界评论道："不仅是书家之书，更是学者之书、诗人之书"。

高二适

高二适（1903—1977），江苏泰州姜堰区人，当代著名学者、诗人、书法家，其善书法，尤擅草书，曾任江苏省文史馆馆员。他在文史哲、诗词、书法的研究和创作方面成果卓著。

费新我

费新我（1903.12—1992.5），浙江湖州人，曾任中国书法家协会理事、书协江苏分会顾问、江苏省国画院一级画师、中国美术家协会会员。

根据你的喜好和你的经济实力，尝试参与名家书法作品竞拍！

⭐ 竞拍意向单 📷				
	作品名称	心理价位	最高价位	竞拍理由
第一意向				
第二意向				

小贴士

书画作品投资的建议

第一，理性，学会自己学习、自己思考什么样的书法家、画家能称得上艺术家，什么样的作品是真正的艺术创作，再去收藏和投资有艺术价值的作品，不能让金钱左右艺术。

第二，书画的价值不是由市场阶段性的价格说了算的，价值和价格往往也不能划上等号，艺术家也不是以"封号""官衔"说了算的，书画的价值还要以作品说话。

我学哥哥做威客

编者：许方玉

哥哥大学毕业后，自主创业，成了一名威客。
哥哥经常用汉字做LOGO。

 **小·贴士**

威客是指通过互联网，用自己的智慧、知识、能力、经验创造价值的人。如今威客已经成为互联网模式下的新兴职业。

LOGO是徽标或者商标的英文说法，通过形象的LOGO可以让消费者记住公司主体和品牌文化。

 我了解

威客任务单

淘宝网店LOGO设计　　　　开始时间：2014.7.23

悬赏金额：1 000元　　　　结束时间：2014.8.23

所属分类：LOGO设计　　　　剩余时间：……

当前状态：进行中……

中标模式：单人中标，一人独享奖金

淘宝网店名称：汉字小铺

主要经营：各类汉字商品，如汉字文化衫、汉字杯子、汉字积木、汉字车牌、汉字车贴等

作品要求：

1、作品中能运用创意汉字，凸显出"汉字小铺"的店铺特点；

2、设计的LOGO要醒目、有创意；

3、色彩应用简洁、搭配协调。

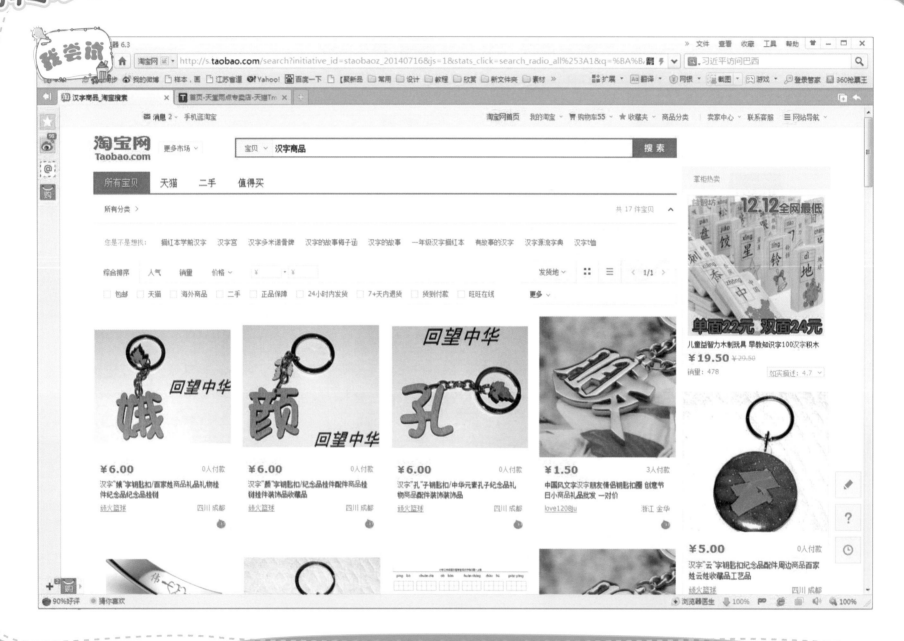

汉字 LOGO

汉字小铺

￥ 50.00　　　￥ 65.00　　　￥ 55.00

￥ 118.00　　　￥ 132.00　　　￥ 198.00

￥ 45.00　　　￥ 30.00　　　￥ 85.00

我欣赏

创意汉字

我创意

哥哥很快就完成了任务，参考哥哥的创意，我也来模仿一下！

让邮票显示汉字的强大魅力

编者：谷 力

邮票，是邮政机关发行，供寄递邮件贴用的邮资凭证。邮票是发送者为邮政服务付费的一种形式，发送者会将邮票贴在信件上，再由邮局盖章(通常是邮戳)销值，以用于在邮件被寄出前，证明寄邮人已支付全部或部分传递费用。世界上的第一枚邮票是英国的黑便士。邮票发行由国家管理，邮票是收藏品，集邮已经成为世界重要风潮之一。1840年5月6日世界上第一批邮票诞生。

为方便使用，邮票四周一般会打上齿孔，背面则加上一层背胶。

小贴士

邮票的收藏与保护

1、选择专用的邮册

2、尽量避免赤手接触裸票

3、如长期保存应该放置干燥剂（一定注意别受潮）

4、定期要清理、保养（带细纱手套、用镊子）

问一问

我们应该如何集邮呢？

1、尽量选择发行量小的邮票

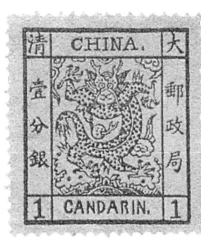

2、选有重大纪念意义的邮票

十二生肖汉字邮票

小贴士

　　中国在清光绪四年六月开始发行邮票。第一套邮票共三种，图案是一条五爪大龙，它在清代是皇权的象征，具有国徽的性质。这套邮票通称为"大龙邮票"。

想一想

　　"大龙邮票"中"阔边大龙"5分银未使用过的新票极少见，25枚的全张新票存世仅一张，是中国早期邮票最著名的孤品。这张邮票价值有多少呢？

想一想

你知道十二生肖的顺序吗？

 查一查

你知道这些生肖邮票是哪一年
发行的？发行量有多大？

 想一想

你知道这些生肖邮票中，目前哪一
张邮票价值最高？为什么？

3、选择自己喜欢的邮票

邮票一　　　　　邮票二

邮票一　　　　　　邮票二

邮票三　　　　　　邮票四

 小贴士

 小贴士

邮票一：1984年8月27日的《吴昌硕作品选》特种邮票第一枚中的"金石乐，书画缘"为清末著名书画家吴昌硕对联篆书。

邮票二：2003年2月22日，国家邮政局发行《中国古代书法——篆书》特种邮票。这是我国首次发行的书法艺术专题邮票。

邮票一：毛泽东的草书

邮票二：米芾行书

邮票三：郭沫若的楷书题词

邮票四：周恩来的行书手迹

 想一想

你们最喜欢的邮票类型是什么？

亲子运动会会标我设计

编者：高 琦

学校要举办亲子运动会，
想请同学们用汉字来设计会标哦！

小贴士

会标

　　重大会议、体育盛会一般都有会标。会标在设计上一般会体现会议的主旨、举办地、举办时间、举办国（地区、单位）等。

南京青奥会标

　　青奥会会标图形由三部分组成，以青奥会英文名称（YOUTH OLYMPIC GAMES）及视觉标志（五环及"YOG DNA"字样）为基础，以举办年份数字"2014"为构图过渡，以色彩鲜艳的线条和色块将南京明城墙城门和江南民居轮廓进行艺术组合，勾勒出英文"NANJING"字样，寓意欢迎、交流的青春之门，象征欢聚、健康的青奥之家。

113

北京奥运会会标的设计参考

1、这个会标是由哪几个部分构成的？

2、这个会标的颜色有什么象征意义？

3、你知道这个会标的含义吗？

 小·贴士

北京奥运会会标的内涵

构成

"舞动的北京"由三个部分构成：1. 像一个人的"京"字中国印；2. 汉语拼音"beijing"和"2008"字样，象征2008年北京奥运会；3.奥运五环是奥林匹克精神的象征。

色彩

"舞动的北京"采用的是中国人崇尚的色彩。在这个标志中，红色被演绎得格外强烈，激情被张扬得格外奔放，这是中国人对吉祥、美好的礼赞，这是中国人对生命的诠释。红色是太阳的颜色，红色是圣火的颜色，红色代表着生命和新的开始；红色是喜悦的心情，红色是活力的象征，红色是中国对世界的祝福和盛情。

精神

"舞动的北京"是中华民族图腾的延展。奔跑的"人"形，代表着生命的美丽与灿烂。同时，"京"字又巧妙地演化为"文"字，寓意"人文"，正体现了北京"人文奥运"的承诺。"舞动的北京"是一次盛情的邀请。会徽中张开的双臂，是中国在敞开胸怀，欢迎世界各国、各地区的人们加入奥林匹克这人类"和平、友谊、进步"的盛典。

小贴士

上海世博会的会标

中国2010年上海世界博览会会徽，以中国汉字"世"字书法创意为原形，与"2010"巧妙融合，相得益彰，表达了中国人民举办一届属于世界的、多元文化融合的博览盛会的愿望。"世"字图形寓意三人合臂相拥，状似美满幸福、相携同乐的家庭，也可抽象为"你、我、他"广义的人类，体现对美好和谐生活的追求，表达了世博会"理解、沟通、欢聚、合作"的理念，突显出中国2010年上海世博会"以人为本"的积极追求。会标以绿色为主色调，富有活力，增添了向上升腾明快的动感，抒发了中国人民面向未来、追求可持续发展的创造激情。向上托起的两点象征托起了民族的希望，汉字"世"与阿拉伯数字"2010"巧妙结合，象征中西文化合璧。下方是"SHANGHAI CHINA"的字样，是"中国 上海"的英文。

我归纳

我们可以借助汉字的艺术字来做会标吗？请归纳一下！

想一想

我怎么设计会标呢？

专家提示：设计的图案要能反映出单位的特点、活动的特点以及设计者的想法。

我校的特点：

亲子运动会的特点：

我的个人想法：

小·贴士

马年的艺术字集锦

我设计

选择汉字，用自己喜欢的艺术字
的字体和颜色，构成一个图案。

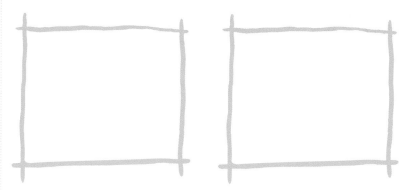

设计一　　　　　设计二

请老师和同学们评评你的哪个设计最好。

玩转汉字

我考古，安阳墓

编者：郭晓露

我观察

2009 年，河南省宣称在河南安阳市附近发掘一处大墓，有可能是曹操墓。那么它真的是人们寻找已久的曹操墓吗？

安阳高陵外景

高陵墓室

魏武王大戟

高陵墓方位示意图

高陵墓 3D 示意图

我准备

令人兴奋的考古发现就要开始了，我们要准备好哪些东西呢？请在需要的东西上打"√"

工具：大脑推理（　　　　）　　　　眼睛查阅文献（　　　　）

文献：《三国志·魏书·武帝纪》（　　）　《史记·通典》（　　）

我发现

通过查看环境，你发现了什么呢？
在你发现旁边的右边打"√"。

1、高陵位于西门豹祠西原上。　　　　　　　　　（　　）

2、高陵墓依山而建，并没有起墓建陵。　　　　　（　　）

3、墓葬宽大，除了后方的主墓室外，
　　前方还有几个陪葬所用的墓室。　　　　　　（　　）

4、随葬品不多，墓内装饰简单，尽显朴实。　　　（　　）

5、墓内出土刻有"魏武王"铭文的石牌。　　　　　（　　）

6、墓内发现男性遗骨，专家鉴定 60 岁左右。　　（　　）

究竟高陵墓是不是曹操墓呢？

我查阅了关于曹操墓葬的文献。摘抄了这些片段：

"庚子，王崩于洛阳，年六十六。遗令曰："天下尚未安定，未得遵古也。……敛以时服，无藏金玉珍宝。"谥曰武王。"

——《三国志·魏书·武帝纪》

译文：正月二十三日，魏王（曹操）在洛阳去世，终年六十六岁。临终时说："天下还未安定，不能遵循古代的旧制。装殓（liàn）用当时所穿的衣服，不要放金银珠宝作陪葬。"魏王谥（shì）号（就是东亚古代君主、诸侯死后，后人给予的包含善意评价、评判的称号）为"武王"。

"古之葬者，必居瘠薄之地。其规西门豹祠西原上为寿陵，因高为基，不封不树。《周礼》冢人掌公墓之地，凡诸侯居左右以前，卿大夫居后。汉制亦谓之陪陵。其公卿大臣列将有功者，宜陪寿陵。其广为兆域，使足相容。"

——《魏志·武帝纪·终令》

译文：古代丧葬，一定要用贫瘠的土地。如今我把西门豹祠以西的高原地带划为墓地，就照原来的地基高度，不再培土加高，也不要种树。《周礼》上说由冢人掌管国家墓地，所有的诸侯葬在王墓左右靠前的地方，卿大夫葬在后面，汉朝的制度称之为陪葬。凡是公卿大臣和众将有功之人，都应在寿陵陪葬，要扩大墓地的范围，让它足能容下众人。

想一想

经过查证，我认为高陵（是　不是）曹操墓。

理由一：_____

理由二：_____

理由三：_____

理由四：_____

理由五：_____

我想，汉字的传承，让我能读懂古代留下的文献，了解古时候的历史啊！

小贴士

曹　操

曹操（155年—220年），字孟德，一名吉利，小字阿瞒，沛国谯县（今安徽亳州）人，汉族。曹操是东汉末年杰出的政治家、军事家、文学家、书法家。三国中曹魏政权的缔造者，以汉天子的名义征讨四方，对内消灭二袁、吕布、刘表、韩遂等割据势力，对外降服南匈奴、乌桓、鲜卑等，统一了中国北方，并实行一系列政策，恢复经济生产和社会秩序，奠定了曹魏立国的基础。曹操在世时，担任东汉丞相，后为魏王，去世后谥号为武王。其子曹丕称帝后，追尊他为武皇帝，庙号太祖。

越南的文字改革

西汉末年，汉字传入越南。长期以来，汉字一直占统治地位。直到17世纪，法国传教士罗德提出了拉丁化的越南语拼音方案，汉字经过修改成为今天的越南新文字。1885年越南南方中小学开始教学拼音文字。1945年越南成立民主共和国，以新文字为法定文字，废除汉字。

放弃汉字使越南的史学研究陷入困境。修越南历史的学生只能读到那不多的经过历史学家翻译加工的教科书，而大量的越南汉字历史文献却只有少数人能读懂，根本没有能力开发整理。

越南老百姓拿出发黄的家谱或祖辈遗留下来的文字，也是用汉字书写的，极少的越南人能看懂。请问看不懂祖先遗留下来的文字记录是不是很可惜呢？

我思考

经历了曹操墓的考古过程，了解了越南的文字改革，你对汉字有了什么新的认识？

想一想

针对当代人提笔忘字，会说不会写汉字的现状，有人提出要"保卫汉字"；也有人认为汉字比较复杂，难记，应该取消汉字，拼音化。对此，你有什么看法？

我整理

汉字的传承

→ 汉字传承着历史

→ 汉字传承着思想和感情

→ 汉字让我们记住了先人

→ 汉字让我们自己存在于历史

拼音化

简化VS繁体 → 汉字未来会怎样发展

汉字记忆大王

编者：郭晓露

电视台最近将举行一个汉字记忆大赛，学校要选拔出优秀选手参加。你想测试一下你的汉字记忆力吗？

 测一测

听写汉字，你能迅速写出来吗？

tǎn   tè   mò   rán   qī   qiào

 小贴士

（倒排文字）

 我尝试

你能迅速记住这些词语吗？

猴子　　枫树　　键盘

渣土车　512　　熊大　　47831

T恤衫　　森林　　迷路

 小贴士

速读速记的策略

假如用上面的词语组成一个荒诞的故事，在脑海中"播放"出来，是不是很容易记住呢？

请你从下面的例子中探索发现汉字记忆的规律

象形字

水　　　　　火

指事字

（本）树下加横表示本（树根）

（末）树上加横表示末（树枝）

我记指事字：（　　）

会意字

（美）好大一只羊，看起来很美味

（信）人讲话，要守诚信

我记会意字：（　　）

形声字

（情）心里有"情"（青）

（诚）言语诚恳，心想事成

我记形声字：（　　）

我的汉字的记忆策略

玩转汉字

请通过联想来记忆

你能快速准确地记住下面这个汉字吗?

这个字读biáng,是陕西的一种面条。笔画好多,好难记啊!别急,编个童谣记住它。

 小贴士

一点飞上天,黄河两头弯,八字大张口,言字中间走,左一扭右一扭,你一长我一长,中间加个马大王,心字底,月字旁,一个小勾挂麻糖,坐个车子回咸阳!

请从字义来联想记忆

安 裕

 小贴士

通过联想字形中各部分所代表的意义,记忆该字的整体意义。"安"可以记忆为"家中有女人",有了女人就会"安全"、"安心";"裕"可以记忆为"穿的、吃的有很多"。

请从字源来联想记忆

 这是"即"的甲骨文。甲骨文 （内盛食物的器皿） （人），像一个人跪坐在盛有食物的器皿前面。意思就是"靠近;马上"。

 这是"既"的甲骨文。甲骨文 表示盛满食物的器皿, 表示食用后中空的器皿） （张嘴掉头的人），字形像一个吃饱的人 张嘴 打着饱嗝,背着空荡荡的器皿 掉过头去。意思是"完毕,已经"。

请从字形来联想记忆

鼎 鼻 虎

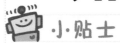

根据现代汉字字形像什么或者接近什么，从而进行记忆或者比较记忆。

请从词汇来联想记忆

诚信的"诚"　城墙的"城"　铁铖的"铖"
蝴蝶的"蝶"　谍报的"谍"　碗碟的"碟"

通过由单字构成的词语及其含义，来联想这个字的写法。

请从字音来联想记忆

wǎng liǎng　　wán kù　　líng yú
魍魉　　　纨绔　　囹圄

通过声旁的变化、形旁的造型来记忆理解生字。

"遗忘"的秘密

大量实验证明，遗忘进程是不均衡的，在识记的最初时间遗忘很快，越到后来就越缓慢，即遗忘的发展是先快后慢。较多的研究表明，识记后的两三天遗忘最多。根据遗忘的这一规律，必须及时进行复习，如早上识记的晚上复习一次，晚上识记的则在第二天早上复习一次，这样效果较好。

方言保护攻略

 编者：刁京京

 小故事

一个外国人到中国南方旅游，一路上人生地不熟，找不着落脚地。就打电话问他的朋友："这里有没有宾馆？"这位来自北方的朋友自豪地说："有啊！有啊！我们这宾馆贼多！"外国人一听傻眼了：宾馆贼多，这可怎么办啊？

 小·贴士

方言的形成

汉族社会在发展过程中出现过程度不同的分化和统一，使汉语逐渐产生了方言。

现代汉语有各种不同的方言，它们分布的区域很广。现代汉语各方言之间的差异表现在语音、词汇、语法各个方面，语音方面尤为突出。但是它们不是独立的语言。大多数人的意见认为现代汉语有七大方言。

 我观察

汉语方言的分布

注

 北方方言

 吴语

 闽语

 客家方言

 赣方言

 湘方言

粤语

玩转汉字

汉字学习·汉语方言

想一想

从调查表中我了解到

因此我想到的问题是

你认为应该保护方言吗？

姓名	性别	老家方言	方言使用情况	方言熟练程度

我居住的地方是_____

它属于_____方言区

我的老家是_____

它属于_____方言区

我的亲戚中，_____和我不是一个方言

区，他（她）是_____（地方）

的人，属于_____方言区。

调查你所在的小组同学老家的方言，以及他（她）的老家方言使用情况和熟练情况

常常说	偶尔说	几乎不说	从不说

能听会说	部分能听会说	能听不会说	听不懂也不会说

我尝试

说一说南京话

问候别人时，**阿吃过啦？**

当你想说“干什么”的时，**干么斯啊？**

当你征求别人同意时，**阿行啊？**

物品的对应叫法

玉米——**包卢**

簸箕——**搓拨**

勺子——**挑子**

抽屉——**抽扡**

癞蛤蟆——**癞嘛姑子**

脑袋——**毛瓜子**

鞋子——**孩子**

流鼻涕——**脱鼻龙**

膝盖——**磕七头**

夹菜——**荐菜**

扫把——**条走**

我实践

南京方言我翻译

海里湖天　算活拉倒　夹生　来斯

莫里十孤　吴二逮鬼　毛娃子

犯闲　指抹头　黑漆马污　刷刮

唉哟，后（第一声）死了　盼兮

小贴士

海里湖天：稀里糊涂，不知轻重

算活拉倒：算了，拉倒

夹生：斤斤计较，难相处

来斯：厉害，有两下子

莫里十孤：不知轻重，做事莽撞

吴二逮鬼：不怎么样的

毛娃子：婴儿

犯闲：讨厌

指抹头：手指或脚趾

黑漆马污：颜色很黑

刷刮：办事干净利落

唉哟，后死了：盐放多了，太咸

盼兮：姑娘，女朋友

小贴士

南京白局

南京白局是民间曲艺，指用南京方言说相声，所以又名"南京相声"。流行于南京及其毗邻地区，相传始于20世纪30年代。起初只是简单模仿相声，后来逐渐有所发展。相声用第三人称，南京白话则用第一人称，演员便成为剧中人，所以演重于说。代表性曲目有《老相识》、《包您满意》、《人情债》、《庙上风情》、《商业新风》等。现在常有"南京白局"节目在报刊、电台、电视台发表和播出，颇受读者、听众和观众欢迎。

你还了解哪些独特的方言艺术形式？
通过这些方言艺术你能看出当地人的哪些生活和语言习惯？

我探索

我感兴趣的方言艺术

名称：
——————————————————

发源地：
——————————————————

表演形式和特点：
——————————————————

感兴趣的原因：
——————————————————

通过它我还了解到了……

我和"二王"交朋友

编者：陈 静

 我了解

王羲之

 小贴士

王羲之是东晋时著名书法家，有"书圣"之称。代表作《兰亭序》被誉为"天下第一行书"。

 我了解

王献之

 小贴士

王献之是东晋书法家，王羲之的儿子。在书法史上，与其父合称为"二王"。

王献之练字很刻苦，苦练了5年后，一次，他把一大堆写好的字给父亲看，希望听到几句父亲的表扬。谁知，王羲之一张张翻过，一个劲地摇头。翻到一个"大"字，父亲现出了较满意的表情，随手在"大"字下点了一个点，然后把字稿全部退还给献之。小献之

心中仍然不服，又将全部习字抱给母亲看，并说："我练了5年，并且是完全按照父亲的字样练的。您仔细看，我和父亲的字还有什么不同？"母亲果然认真地看了3天，最后才指着王羲之在"大"字下加的那个点儿，说："吾儿磨尽三缸水，惟有一点似羲之。"母亲又鼓励他说："孩子，只要功夫深，就没有过不去的河、翻不过的山。你只要像这几年一样坚持不懈地练下去，就一定会达到目的的！"小献之深受感动，又锲而不舍地练下去。

　　有一天夜里，王羲之在灯下练字，实在练得太疲倦了，握着笔伏在案上。忽然，一阵清风吹过，一朵白云飘然而至，云朵上有位鹤发银髯的老人，笑呵呵地看着他说："你的字写得不错呀！"

　　老人见王羲之一片诚心，说道："你伸过手来。"

　　老人笑容可掬地说："我看你诚心诚意学写字，让你领悟一个笔诀，日后自有作用。"老人说完，在王羲之的手心上写了一个字，然后点点头说："你会更快进步起来的。"说罢走了。

　　王羲之一看手心是个"永"字，他比呀划呀，写呀练呀，终于领悟了：横竖勾，点撇捺，方块字的笔划和架子结构的诀窍，都体现在这"永"字上。白云先生授的真是好笔诀！此后，王羲之练得更勤奋了，他的书法也更加洒脱了、奇妙了。

玩转汉字

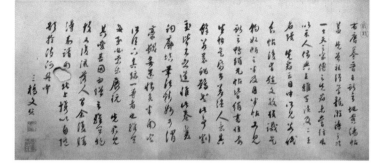

王献之《地黄汤帖》

王献之《中秋帖》

王羲之《长风帖》

王羲之《兰亭序》

请仔细比较一下这两位书法家的书法风格有什么不同。

 小贴士

"二王"书法风格的比较

　　王献之、王羲之有不少相同之处，清真超逸，神姿高彻，出尘脱俗，率性而行，不受任何束缚，自由自在，其书法作品呈现出一种潇洒之美。王羲之、王献之的书法，都传于秀美一路。

　　王羲之与王献之书风的区别在于王献之书法中篆隶古法的不传，并由此带来的二人书法风格的巨大不同。一个遒媚劲健，骨力追风。一个潇洒飘逸，不衫不履。

 我思考

看图说故事

 我会说

我是小小王羲之

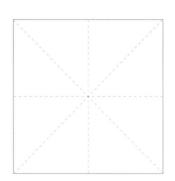

玩转汉字

唐宋书法家大集合

 编者：赵会平

 认一认

唐宋书法家大聚会，请你认一认这些来宾都是谁？来自哪个朝代？

 我欣赏

各位大家都带来了自己的书法作品，请各位欣赏。

1　　　　2　　　　3　　　　4

5　　　　6　　　　7　　　　8

 **小贴士**

唐朝：1. 欧阳询　　2.柳公权　　3.颜真卿　　4.褚遂良

宋朝：5.蔡襄　　6.苏轼　　7.米芾　　8.黄庭坚

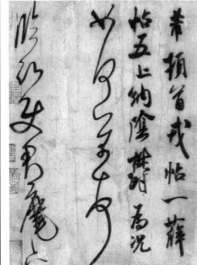

苏轼

米芾

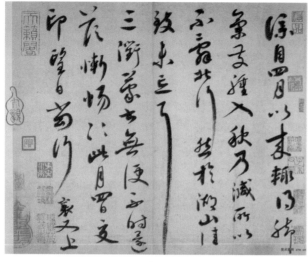

蔡襄

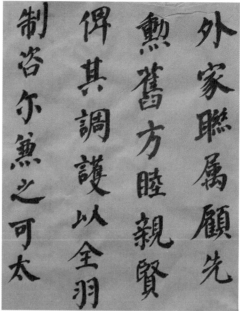

颜真卿

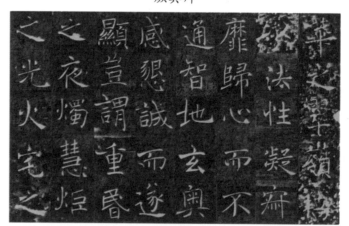

黄庭坚

褚遂良

欧阳询

柳公权

楷书、行书、草书各有什么不同？

楷

汉字"形体方正，笔画平直，可作楷模"故名楷书。

行　草

行书是介于楷书、草书之间的一种字体，"行"是"行走"的意思，因此它不像草书那样潦草，也不像楷书那样端正。实质上它是楷书的草化或草书的楷化。楷法多于草法的叫"行楷"，草法多于楷法的叫"行草"。

狂草

　　草书是汉字的一种字体，特点是结构简省、笔画连绵，是为了书写简便在隶书基础上演变出来的，有章草、今草、狂草之分。

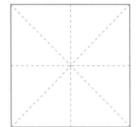

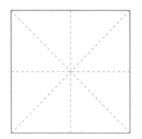

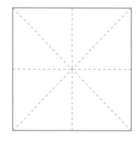

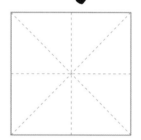

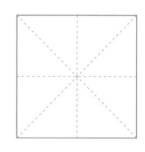

你模仿的各是哪一位书法家的字体？

我是扫盲"小达人"

编者：翟 莉

国际扫盲日即将到来，同学们该如何在暑假帮助那些不识字的大人和孩子呢？

听奶奶讲故事

奶奶出生在旧社会，家里穷没钱上学，因而不识字，生活中遇到了很多麻烦。解放后党和人民政府组办扫盲班，让她们集中识字。经过一段时间的学习汉字，她彻底甩掉了文盲的帽子，成为一位能自己读书看报的"文化人"。

小·贴士

文盲是指不识字的成年人

联合国重新定义新世纪文盲标准，将文盲分为三类：第一类，不能读书识字的人，这是传统意义上的文盲；第二类，不能识别现代社会符号（即地图、曲线图等常用图表）的人；第三类，不能使用计算机进行学习、交流和管理的人。

不识字有什么坏处呢？

文盲导致不会看书写字

文盲导致不能适应现代生活

文盲导致生活贫穷

不识字奶奶的苦恼

奶奶以前一直住在乡下老家，现在和我们一起住在城里。奶奶因为不识字，闹了不少笑话。

在生活中，好多话不是说错就是说颠倒。上个月，她弟弟突然生病，在县医院初诊为脑梗塞。爸爸妈妈问她检查结果，她说："检查出来了，医生说脑塞梗。"因为不识字，家里的不少家用电器不会用。前天，奶奶想用全自动洗衣机洗衣服，可是捣鼓了半天，说明书看不懂，就是用不起来，最后满满的一缸衣服还是用手洗的。

最搞笑的是一天晚上吃饭，饭桌上，我对爸爸说："爸爸，我们家的电脑这两天速度特别慢，怎么搞的?"爸爸说："可能是中毒了。"奶奶一听就急了："什么中毒了，那赶紧送医院，迟了就要危险了。"最后，解释了半天才勉强明白了。

当你身边还有不识字的人时，你该怎么办？

中国文盲的现状

据2010年权威资料介绍，在国家的高度重视下，经过多年努力，我国扫盲工作取得了世界公认的历史性成就，成人文盲率由10年前的22.23％下降到8.72％。虽然如此，我国文盲绝对数仍高达8 507万，其中2 000万左右为15至50岁的青壮年文盲，扫盲工作仍然面临着严峻的挑战和艰巨的任务。

中国90％的文盲分布在农村，一半文盲在西部地区。

西藏、青海、贵州、甘肃、云南、宁夏、新疆、内蒙古、陕西等10个省区的人口总数占全国的15％，而文盲数却占全国的50％。

中国文盲中七成是女性。在农村，女童的辍学现象尤为严重。

中国文盲集中在农村贫穷落后地区，因贫困产生文盲，又由文盲再导致贫困，已经形成恶性循环。

目前中国每年新增文盲大约50万。由于辍学现象依然存在，全国约200个县尚未普及小学教育，人口流动增加，老文盲未完全扫除，新文盲又不断产生。

我设想

如何帮助不识字的大人呢？

主动帮助身边不识字的老人识字

多识字，学好文化，争当扫盲"小达人"

学习使用计算机，不做现代小文盲

识汉字、学科技引导农民劳动致富，增强学习汉字的动力

人人争当"小侦探"

你知道如何判断一个人的性格特点吗？有什么好办法呢？

古人云："文如其人"、"字如其人"、"书者，心之迹也"真是如此吗？

写字与性格的关系

一个人的性格、性情与风格，虽然不是绝对对应，但大体是一致的。写字与性格之间的关系：

一、写字急进、流畅，笔画圆润，说明性格坦率、直爽，思想透彻并和蔼可亲；

二、笔画生硬、字形板滞，说明其人不开朗、执拗，且性格好斗；

三、字型大小不一，粗细骤变、雄势奇状、回绕连绵、重章法气脉，说明其人性格豪放不羁、气魄宏大；

四、笔画轻重均匀，工整细腻，线条分明，内涵雄劲，表明其人性格朴实、严谨、自持庄重；

五、字型笔画灵秀，用笔利落，则表明为人志趣高洁、超凡脱俗；

六、字体骨架不端，东倒西歪，笔画交待不清，说明人也是粗心大意，有些惰性；

七、字迹潦草，缺"点"、丢"横"、少"竖"，此人漫不经心，主意不定；

八、字与字的间距过大，其人可能性格孤僻、羞怯，心理复杂，精神溜号，注意力不集中。

从王羲之的字看他的性格

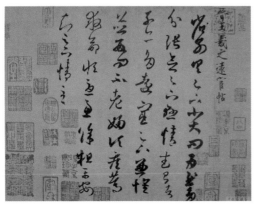

王羲之是个性格极具魅力的人，堪称亦儒亦道，对中华文化继承较为完美；是潇洒超脱的人，对人对己都很有分寸，理性大于情感，既懂生活又懂艺术；具有战略眼光也不失战术的人，站得高看得远，个性寓在时代的共性中，办事周全，是个实至名归的群体领袖。

缺点：性格倔强不圆滑，考虑事情过于周密，内心矛盾来自于完美主义，当遇到挫折时，反抗意识不强，容易随遇而安。

从欧阳修的字看他的性格

欧阳修的书法，正如苏东坡先生所指出的"字形结体宽扁、起笔露锋芒、且多渴笔"外，用笔精谨，点画之间一丝不苟，充分反映了他重视法度的性格。

欧阳修在传统文化的重重束缚下挣扎着表现自我。他淡视名利，无欲则刚，他不是"守常"而是"图新"。他在学术上对当时僵化风尚和陈旧价值观进行抵制和反拨。欧阳修身居高位，仍坚守大节，保持人格尊严，体现自我的人生价值。

从张旭的字看他的性格

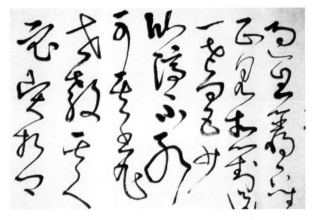

张旭创造出潇洒磊落、变幻莫测的狂草来，其状惊世骇俗。

"他创造的狂草向自由表现方向发展的一个极限，若更自由，文字将不可辨读，书法也就成了抽象点泼的绘画了。"

小·故事

张旭性格豪放，嗜好饮酒，常喝得酩酊大醉，醉后呼叫狂奔，手舞足蹈，然后挥笔写字，有时竟用头发沾着墨汁疾书，一挥而就。酒醒后观赏自己的书法，龙飞凤舞，飘逸万态，以为有神力相助。

从我自己的笔迹来看我的性格

我的性格是 _____

_____

从我爸爸的笔迹来看他的性格

他的性格是 _____

_____

从我好友的笔迹来看他（她）的性格

他（她）的性格是

1、字迹和人的性格有怎样的关系？

2、练字会改变人的性格吗？

3、笔迹分析学运用的范围？

 小贴士

字迹与性格的对照参考表

字　迹	性格特点
细小字	观察力好
小字	不喜欢引人注目
大字	好表现
中等字	注重实践
正方形字	为人正直
圆形字	性情随和
长方形字	勇于开拓
扁形字	毅力顽强

后 记

1999年，原南京市教科所谷力副所长开发了概念主题式综合实践活动课程体系，在全市发起了以概念为核心的综合实践活动课程研发计划，并开展相关活动。原珠江路小学，是一所有着深厚文化底蕴的百年老校，也是全国写字实验学校。从教育学生写好字、促进学生综合素质提升这一出发点，学校参与了这项课程研发计划。学校选择了以"汉字"作为学校校本课程的核心和主题，并确立了课程的名称为《玩转汉字》。

2000年，谷力所长连续给全体教师做了多场报告，我校全体教师在谷力所长的引领之下共同研发了"玩转汉字"综合实践探究课程。学校课程研发核心小组精心挑选了36个与"汉字"这一概念相关联的内容，梳理成为九大板块，初步建构了课程的模型。

每一位教师都参与了课程研发活动，围绕"汉字"这一概念，大家思考、研究，生成智慧，一共开发了36课教学资源。教师们经历了几轮的设计修改，形成了36个课例。2010年9月和2011年1月，我们先后两次进行了部分案例的品鉴和全部案例的课堂验证。

该课程使学生探究、了解汉字之源、汉字之美、汉字之法，汉字之趣，汉字与社会，汉字与科学，汉字之运用，引领学生探究汉字的文化，在动手实践、积极思维中提高学习能力，习得研究方法，培养探究兴趣。一节节情境生动有趣、形式丰富多彩的"玩转汉字"概念主题探究课，引得孩子们全情投入，每一个孩子学习的智慧和热情都被激活了！

2012年，《玩转汉字》校本课程获第一届全国"真爱梦想杯"校本课程设计大赛一等奖。

2014年，珠江路小学并入南师附小，为了让这一成果能够让更多的孩子受益，时任南京市小学教师培训中心的谷力主任和郭晓露等学校编写组的老师们又花了半个多暑假的时间，对原《玩转汉字》校本课程进行了多次修改。

今天，《玩转汉字》学生用书终于正式出版了。这是对所有老师倾心投入课程研发的由衷感谢，也是对四年多来大家共同追求梦想的研究历程的纪念。

"玩转汉字"课程研发小组

2014年9月20日

图书在版编目（CIP）数据

玩转汉字 / 林虹 , 郭晓露主编 . — 南京 : 南京大
学出版社 , 2014.11
（概念主题式综合实践活动课程丛书 / 谷力主编）
ISBN 978 - 7 - 305 - 14094 - 5

Ⅰ . ①玩… Ⅱ . ①林… ②郭… Ⅲ . ①汉字—小学—
课外读物 Ⅳ . ① G624.223

中国版本图书馆 CIP 数据核字 (2014) 第 244247 号

出版发行　南京大学出版社
社　　　址　南京市汉口路 22 号　　邮编 210093
出 版 人　金鑫荣
丛 书 名　概念主题式综合实践活动课程丛书
丛书主编　谷　力
书　　　名　玩转汉字
主　　编　林　虹　郭晓露
责任编辑　田　甜　李鸿敏　　编辑热线　025-83593947
照　　排　南京观止堂
印　　刷　南京爱德印刷有限公司
开　　本　880*1230　1/16　　印张　9.5　　字数　200 千
版　　次　2014 年 11 月第 1 版　2014 年 11 月第 1 次印刷
ISBN　978 - 7 - 305 - 14094 - 5
定　　价　40.00 元
网　　址　http://www.njupco.com
官方微博　http://weibo.com/njupco
官方微信号　njupress
销售咨询热线　（025）83594756